Le bonheur est sous la couette

Du même auteur chez

ESI *Romans*

Ma nouvelle vie commence aujourd'hui

ETHEL WEBER

Le bonheur est sous la couette

ESI Romans

1

Hélène

Je jette un coup d'œil à ma montre. Six heures du soir passées. Il est déjà si tard que ça ?!

– Il faut que j'y aille, à demain ! lancé-je à Anaïs.

Je range rapidement les documents éparpillés sur mon bureau, éteins mon ordinateur et attrape mon manteau.

– Tu es décidément toujours en train de courir, toi, constate ma collègue assise en face de moi.

– C'est vrai que j'ai l'impression de toujours être en retard sur le programme suivant ! Mais tu verras, toi aussi, quand tu auras des enfants !

– On n'en est pas là avec Gaspard ! Laisse-nous le temps de roucouler tranquillement.

– Oh oui, profitez-en bien avant que la vie quotidienne ne vous prenne dans ses griffes !

Alors qu'elle vient de rencontrer l'homme de sa vie, j'ai épousé le mien il y a quelques années déjà. De notre amour est née Mathilde… que je dois me dépêcher d'aller chercher chez la nourrice. Je m'apprête à glisser un dossier dans mon sac pour le rapporter à la maison, mais Anaïs arrête mon geste.

– On a bien avancé aujourd'hui, on reprend demain.

Elle a beau être un peu plus jeune que moi, son caractère bien trempé et toujours optimiste la pousse à s'occuper des autres – et en l'occurrence de moi.

– Oui, mais on n'a pas encore décidé quel traiteur on allait prendre pour les petits fours, protesté-je.

– Le temps que tu rentres chez toi, ils seront tous fermés, tu ne pourras pas leur téléphoner, me réplique-t-elle.

– Mais je peux envoyer des mails.

– Tu vas surtout te reposer ! Je te connais, toi et ta tendance hyperactive. On a encore le temps jusqu'à la soirée de lancement.

– C'est juste, reconnais-je. Alors à demain !

Je sors de la pièce en courant, appuie trois fois de suite sur le bouton de l'ascenseur, espérant que mon insistance le fera venir plus vite, et je descends jusqu'au parking. C'est une vraie chance de travailler avec une amie. Elle me connaît bien, et sait me dire quand m'arrêter, car elle a raison, j'ai toujours du mal à lâcher prise. Elle, au contraire, aurait plutôt tendance à lâcher un peu trop prise ! Le stress, elle ne connaît pas ! Mais c'est pour ça qu'on se complète à merveille. Nous formons un duo de choc dans la boîte d'événementiel qui nous emploie, et c'est pour cette raison qu'on nous a confié toute l'organisation de la soirée de lancement de nouveaux cosmétiques pour hommes d'une marque américaine.

À peine ai-je sonné chez la nounou que cette dernière

m'ouvre la porte en me jetant des regards pleins de reproches, tandis que Mathilde se précipite dans mes bras en criant :

– Maman !

Je m'agenouille et la serre tout contre moi tandis qu'elle me colle un bisou bien mouillé sur la joue.

– Z'ai fait un beau dessin pour toi, maman. Atta, dit-elle en rentrant à nouveau dans l'appartement pour courir jusqu'au salon.

– Je suis désolée pour le retard, m'excusé-je auprès de son assistante maternelle. Je suis partie un peu tard et je me suis retrouvée en plein milieu des embouteillages.

Elle hausse les épaules.

– Ce n'est pas comme si c'était nouveau qu'il faut prévoir le double de temps quand on prend sa voiture après cinq heures à Paris. Essayez d'être ponctuelle, tout de même, me reproche-t-elle sur un ton bourru.

Mais je connais bien Mme Radosch. Derrière cette façade austère se cache le plus gros cœur en or de tout le quartier. Mathilde l'adore, et je ne sais pas ce que je deviendrais sans son aide.

– Je vais faire tout mon possible, m'excusé-je sous son regard désapprobateur.

En soi, elle a raison… Ma fille revient et me tend une feuille de papier sur laquelle elle a dû utiliser toutes les couleurs qui étaient mises à sa disposition.

– C'est magnifique, ma chérie, et je suis vraiment désolée de t'avoir fait attendre.

– Pas grave. Mira a donné un gâteau au chocolat.

Il n'y a bien que les enfants qu'elle garde qui osent

l'appeler par son prénom, mais il faut dire qu'elle les gâte et s'en occupe avec beaucoup d'affection.

Attendrie devant nos câlins, la nounou arrête de bougonner.

– Heureusement que votre petite est un trésor… Elle a été de bonne humeur toute la journée, on a fait un peu de peinture. Elle a bien mangé à midi, mais elle n'a pas vraiment dormi après.

Je me retourne vers Mathilde.

– Tu n'as pas voulu faire de sieste ?

– Pas fatiguée, me répond-elle avec un aplomb étonnant pour son âge.

Il faut dire qu'avec Mme Radosch, elle est à bonne école !

J'espère qu'elle ne s'endormira pas sur le trajet du retour, sinon la soirée risque d'être compliquée. Déjà qu'elle a du mal à faire toutes ses nuits, alors quand en plus elle se décale au niveau du sommeil, elle se transforme en vraie pile électrique !

– Merci pour les infos… et encore navrée pour le retard !

Je viens à peine de quitter l'appartement de la nourrice que mon téléphone sonne. Je cale Mathilde sur ma hanche avant d'extirper d'une main désormais experte mon mobile, et je réussis à décrocher en utilisant seulement mon pouce. C'est Tristan.

– Hello, ma chérie, t'en es où ?

– Je viens d'aller chercher Mathilde. Sa nounou a dit qu'elle n'avait pas fait une bonne sieste. J'espère qu'elle va bien dormir cette nuit…

– … et nous avec !

Elle est le rayon de soleil de nos jours, mais elle n'a

jamais réussi à dormir plus de cinq heures d'affilée depuis sa naissance, il y a près de trois ans. Pourtant, ça ne l'empêche pas d'être en pleine forme… contrairement à nous.

– C'était pour te dire que je m'étais occupé du dîner, poursuit-il.

– Tu es adorable ! Je suis épuisée. Je n'ai pas vraiment eu le temps de déjeuner, car je voulais boucler un dossier pour aller chercher Mathilde à l'heure. Je suis quand même arrivée en retard.

– Pas cool, ma pauvre ! Ça tombe bien que de mon côté, le travail soit plus tranquille en ce moment. On peut se faire un petit dîner tranquille, puis regarder un ou deux épisodes de *Game of Thrones*, qu'est-ce que t'en dis ?

– Je vote pour ! affirmé-je avant de raccrocher pour pouvoir reprendre le volant.

Avant la naissance de notre fille, j'aurais détesté la perspective de passer un vendredi soir avachie sur le canapé du salon, mais maintenant, je préfère mille fois rester à cocooner à la maison plutôt que de sortir avec les copains ou pour un dîner romantique. Je continue à aimer voir nos amis, mais pour pouvoir sortir, il faut réussir à faire garder Mathilde, et surtout, réussir à tenir debout malgré l'épuisement. Quant au repas en amoureux, ce n'est pas l'envie qui m'en manque, mais on n'arrive pas à le caser dans nos emplois du temps respectifs. Et puis on est tellement bien quand on est blottis dans les bras l'un de l'autre dans le salon, pourquoi changer ?

Quand j'arrive à la maison, Tristan est déjà là. La vie quotidienne est une mécanique bien huilée, qui fonctionne à merveille. Il dépose un rapide baiser sur mes lèvres avant de prendre Mathilde dans les bras pour l'emmener prendre son bain. Pendant ce temps-là, je vais dans la cuisine pour préparer le dîner. Enfin, aujourd'hui, je me contente de faire celui de notre fille en bavant devant toutes les petites choses que Tristan nous a rapportées du traiteur libanais.

J'ai quand même de la chance : en plus d'avoir un boulot que j'aime – même s'il me demande beaucoup de temps –, j'ai une fille craquante et un mari adorable et attentionné. Certes, ce n'est plus la passion des premiers temps, mais on est bien et on est heureux. La maison est un peu devenue le lieu de notre repos du guerrier, où l'on se retrouve pour se ressourcer avant d'affronter l'extérieur. J'aime bien cette idée, même si on est plus dans le côté « repos » que dans le côté « guerrier », ces derniers temps : pas de torses huilés et musclés à la Khal Drogo, pas d'ébats sauvages sur des peaux de bêtes. L'idée même m'épuise… En ce moment, c'est plus soirées sous le plaid à la mode scandinave, et cela me convient.

Lorsque Tristan sort de la salle de bains avec la miss habillée en pyjama, j'ai mis le couvert et il ne reste plus qu'à réchauffer les plats. Mais je veux profiter un peu de ma fille d'abord. Alors quand Mathilde commence à sortir toutes ses peluches préférées de sa petite caisse à jouets, je ne peux pas résister : je m'assois par terre à côté d'elle, trop contente de savourer ce petit moment de bonheur avant le rush du coucher. J'adore imiter le cri des animaux, et surtout son rire lorsque je fais le pitre. Et comme j'adore l'entendre rire, je me lance dans une série d'imitations plus ou moins réussies : on se croirait dans une vraie ménagerie !

– Encore, maman, encore ! Le chat ! Le chat ! m'encourage-t-elle en tapant des deux mains.

Tristan nous regarde jouer, assis sur le canapé, trop content de pouvoir souffler un peu. Puis nous passons tous les trois à table, pour un premier moment de calme… tout relatif ! Si les matins sont généralement plus chaotiques, car il faut se dépêcher, les repas du soir ne sont pas de tout repos pour autant : le salon peut très vite se retrouver tapissé de nourriture. Mais un sourire de sa part et nous voilà aux anges.

Le repas terminé, nous allons la coucher. Aujourd'hui, c'est d'abord moi et je lui lis son histoire préférée, avec un dinosaure qui change de couleur. Je dois la lui lire plusieurs fois, et j'en suis presque à m'endormir à côté d'elle. Puis c'est le tour de Tristan, qui a entre-temps desservi la table. Quand je m'assois enfin sur le canapé, après avoir fini de ranger la cuisine, j'ai du mal à réprimer un bâillement. Tristan arrive et s'installe à côté de moi… Je me blottis au creux de son épaule.

– Elle dort ?

– Presque.

Tristan me caresse distraitement la tête.

– Alors, on met la suite ?

– Oui !

Les séries télé sont devenues notre petit plaisir de couple. On a les mêmes goûts, et c'est sympa de pouvoir parler d'autre chose que du travail et de notre fille. En ce moment, nous sommes fans de *Game of Thrones*, que nous venons de commencer (après tout le monde !)… et nous ne le regrettons pas ! Cette série permet de nous évader dans un autre monde pendant au moins quarante minutes. Il y a de l'action, de l'amour, du sang, du sexe, tout ce qu'on n'a pas dans la « vraie » vie… Enfin, surtout le sang et l'action. L'amour, on n'en manque pas ! Le sexe, en revanche… Nous ne faisons plus l'amour aussi souvent qu'avant. Mais c'est sûrement normal, ça doit être une phase : entre la fatigue, le travail et notre vie de famille, ce n'est pas évident de trouver du temps pour notre couple. J'ai appris à apprécier ces moments de complicité tendre entre nous.

– C'est clair que ces deux-là vont finir par conclure ! s'exclame Tristan.

– Daenerys et Jon Snow ? Pas difficile à affirmer, vu toutes les photos de la saison sept qui ont circulé, le taquiné-je.

– Ouais, mais je suis sûr que George R. R. Martin le savait déjà à ce stade. Regarde comme avec sa horde de scénaristes, ils s'amusent à mettre en valeur les contrastes, une scène avec lui, une scène avec elle ; la glace, et hop ! le feu. Mieux : l'abstinence monacale, le sexe tribal…

– Dis-moi, tu y as énormément réfléchi !

– Je trouve vraiment sympa la manière dont ils l'ont mis en scène. C'est bien Daenerys, ton personnage préféré ?

– Tout à fait ! En même temps, comment ne pas l'aimer ? Elle est belle, forte, elle gère sa vie et le royaume d'une main de maître… Et toi, tu préfères Jon Snow, n'est-ce pas ?

– Comme beaucoup de mecs, je pense.

– Et puis tu lui ressembles un peu, avec ta barbe.

– Merci, me dit-il, visiblement surpris par mon compliment. Tu ferais une très belle reine aussi…

Il a l'air presque gêné de ne pas avoir pensé lui-même à faire ce genre de compliment en premier. Le fait qu'il me donne l'impression d'avoir envie de se rattraper gâche un peu ses mots gentils.

– Donc si toi tu t'identifies à elle, et moi à lui… poursuit-il.

– … il y a de fortes chances pour qu'ils finissent ensemble, terminé-je en souriant, alors qu'il lance la série.

Et lorsque finalement, juste avant la fin de l'épisode, l'autre couple phare (mais maudit !), Cersei et Jaime, s'enlacent pour un baiser passionné, le frisson délicieux qui parcourt mon corps est vite suivi d'un pincement au cœur. Moi aussi, j'aimerais être embrassée fougueusement. Mais un vendredi soir à Paris n'est pas une nuit au royaume des Sept Couronnes.

***

Il est à peine minuit quand nous nous couchons. Tristan s'allonge à côté de moi, je me tourne pour me mettre sur le ventre et il me caresse le dos. J'aime ce petit rituel avant de s'endormir. Je ne sais pas s'il aimerait plus… Il ne me demande rien, ses gestes ne se font pas plus pressants. Est-ce que nos câlins lui suffisent réellement ? Je n'ose pas lui poser la question, car je ne sais pas moi-même si j'aurais vraiment envie de faire l'amour avec lui tout de suite. J'aime ses caresses, la manière dont il me touche, mais je suis fatiguée, j'aurais l'impression de le faire parce qu'il le faut, parce que c'est important pour un couple. Je me retourne à nouveau et je glisse à mon tour la main sur son torse. Sa peau est toujours aussi étonnamment douce sous ses quelques poils – ni trop, ni trop peu, parfaitement à mon goût. J'hésite à descendre ma main pour le caresser plus bas, mais ses yeux sont déjà fermés, sa respiration tranquille. Il est certainement aussi fatigué que moi. Alors je me mets sur côté, et mécaniquement, il fait de même pour que je puisse me coller tout contre lui. Des années après notre rencontre, c'est toujours la manière dont je préfère dormir.

– Bonne nuit, ma chérie, je t'aime, me murmure-t-il.

– Bonne nuit, je t'aime aussi.

2

Tristan

Ça me fait trop plaisir de revoir Mika aujourd'hui. C'est mon meilleur pote depuis notre rencontre en école d'ingénieurs, mais on ne s'était pas vus depuis un bail ! Récemment, les deux boîtes pour lesquelles nous bossons ont été réunies sur un projet commun de création de logiciels de gestion adaptés aux PME. Jusqu'à la réunion de ce matin, on n'avait pas réussi à faire autre chose que s'envoyer des mails et se passer des coups de fil. On va enfin pouvoir déjeuner ensemble et se faire un résumé des épisodes précédents, bref se raconter tout ce qu'on a loupé depuis le temps.

Nous nous rendons dans une grande brasserie parisienne. Loin du cliché des hommes qui ne mangent que de la viande et des patates, nous commandons deux salades César et commençons par faire un débriefing informel de la réunion qui vient de se terminer.

– Le projet avance bien, résume-t-il. Je pense qu'on n'aura aucune difficulté à tenir les *deadlines*.

– C’est clair, on est toujours une équipe qui gagne !

– Ouais, enfin tu t’es vachement assagi depuis.

– C’est surtout toi qui ne t’es toujours pas calmé. D’ailleurs, toujours aussi Don Juan ?

Mickaël éclate de rire.

– Oui, n’exagérons rien quand même.

– Je n’exagère pas. Regarde, moi, vendredi, j’ai regardé une série à la télé avant d’aller me coucher, certes pas tout seul, mais c’était tout comme, alors que toi, raconte-moi ? T’avais un rencard, j’en suis sûr !

– Touché ! J’ai vu une nana que j’ai rencontrée sur WhatsLove. Je l’ai invitée au resto, elle est ensuite passée chez moi et on n’a pas beaucoup dormi de la nuit.

– Tu vois, moi, quand je ne dors pas, c’est parce que ma fille se met à pleurer au milieu de la nuit. C’est quand même vachement moins fun !

– Peut-être, mais je te rappelle que si j’en suis là, c’est parce que c’est toi qui as passé la bague au doigt d’Hélène. C’était quand même la plus belle fille de la bande…

– En même temps, c’était la seule !

– La seule, mais la plus belle. Tu sais bien qu’on était tous un peu secrètement amoureux d’elle, qui ne s’en est jamais rendu compte d’ailleurs, elle n’avait d’yeux que pour toi.

– C’était il y a bien longtemps…

– Plains-toi ! me taquine-t-il. Tu ne me feras pas croire que ça a changé. D’ailleurs, je vous interdis formellement que ça change. Vous êtes mon idéal de couple, la relation que j’aimerais bien vivre un jour, donc tu n’as pas intérêt à finir par m’avouer que derrière les photos de papier glacé, tu es malheureux comme les pierres.

– Non, je ne peux pas dire ça, évidemment. Mais bon, pour la passion des débuts, on repassera.

Je n'avais encore jamais parlé de mes doutes ou de ma jalousie mal placée à qui que ce soit. Mais Mika me connaît, nous connaît même depuis toujours, et ce n'est pas le genre à porter des jugements de valeur ou à critiquer.

– Tu parlais de flamme dans les yeux tout à l'heure, reprends-je, et je peux t'assurer qu'il y a bien des fois où il y a plus d'amour dans ses yeux quand elle regarde Mathilde que quand elle me regarde, moi.

– Et alors ? Où est le problème ? C'est sa fille, après tout. La tienne aussi d'ailleurs. Toi aussi, tu dois la regarder comme si elle était la septième merveille du monde – pardon, elle *est* la septième merveille du monde.

– Bien sûr, mais depuis que Mathilde est là, j'ai l'impression qu'Hélène a reporté sur notre fille toute une part de l'affection qu'elle avait pour moi.

– L'amour, ce n'est pas comme un liquide contenu dans des vases communicants. Ne me dis pas qu'on ne peut pas aimer ses enfants ET son conjoint. Laisse-moi rêver un peu quand même.

– T'as pas tort, c'est peut-être moins un problème d'amour qu'un problème d'attention. J'ai l'impression d'être carrément moins important.

– C'est pas forcément faux, mais tu es un adulte alors que Mathilde est une enfant, donc c'est logique qu'elle l'accapare plus. Toi, tu es assez grand pour te gérer tout seul.

– Ouais, je vois ce que tu veux dire.

Mika a mis le doigt sur un truc et ça me fait du bien d'arriver à en parler.

– En fait, le vrai problème, c'est qu'on est devenus plus amis qu'amants. J'ai l'impression de me faire *friendzoner* maintenant qu'on est mariés et installés. C'est pas moi qu'elle aime avec passion, c'est Mathilde. Moi aussi, je l'adore, notre fille. Mais bon, quand même, j'aimerais bien qu'Hélène soit un peu moins mère et un peu plus femme...

Mickaël hausse les épaules.

– Avec un enfant en bas âge, ça doit être compliqué... mais pas impossible ! Il faut faire renaître la flamme ! Depuis combien de temps tu ne l'as pas invitée au restaurant ?

– C'est compliqué avec la petite...

– Biiiiip ! Mauvaise réponse ! Vous arrivez bien à aller dîner chez des amis, donc vous pourriez tout aussi bien passer un dîner en amoureux. Tu ne peux pas te plaindre si toi, tu ne fais rien de ton côté pour qu'elle te voie comme Brad Pitt plutôt que juste comme le père de sa fille.

– Ouais, peut-être, mais c'est pas si simple. Je ne suis pas certain qu'elle en aurait envie.

– Tu lui as demandé ?

– Non.

– Bah alors, tu ne peux pas savoir.

Ça m'arrache la tête de me l'avouer, mais il a raison. Je peux reprocher à Hélène de ne pas montrer de sentiment amoureux, mais pour être honnête, elle peut tout autant me retourner le reproche.

– Ouais, mais même... je vois pas en quoi l'emmener au resto changera quelque chose au fond du problème.

– Vas-y, c'est quoi le problème, alors ? C'est au niveau cul ? Vous ne faites plus rien ?

– Si, on fait encore l'amour… mais je n'ai pas vraiment l'impression qu'elle s'éclate. Et puis pour te dire, moi non plus. C'est un peu toujours le samedi soir, toujours après que je lui ai massé le dos, bref, j'aime bien lui faire des câlins et des papouilles, mais j'aimerais bien que ça se passe autrement, que ça soit plus sauvage, plus spontané… voire que ça soit elle qui me saute dessus. On dirait qu'il n'y a que moi qui suis en demande.

– Tu veux dire que tous les samedis soir, vous déroulez le mode d'emploi et le suivez toujours de la même manière ? C'est tout ? Jamais de fantaisie, jamais d'autres préliminaires ?

– Si, bien sûr… bon, j'avoue, je noircis un peu le tableau, on s'occupe un peu l'un de l'autre aussi, et c'est sympa… mais voilà, c'est exactement ça le problème, c'est « sympa ». Et je n'ai pas envie que ce soit juste « sympa » sous la couette. J'ai envie qu'on retrouve ce qu'on avait avant, cette envie, ce désir…

– C'est pour ça que je te dis que toi aussi, tu dois faire comme avant. Essaie de la reconquérir. Fais-la se sentir femme à nouveau. Invite-la au resto, passe du temps seul avec elle, montre-lui que tu la vois comme une femme.

– Ouais… je vais commencer par lui offrir des fleurs ce soir.

– Ce serait un bon début. Mais n'imagine pas forcément que ça va tout changer d'un coup ! me prévient-il avec un clin d'œil.

– Et pourquoi pas, après tout ?

– C'est vrai, on sait jamais ! En tout cas, fais gaffe, hein. Je ne veux pas te mettre la pression, mais comme je t'ai dit, vous êtes mon couple idéal. T'as pas intérêt à le faire foirer.

***

En sortant du boulot, je passe chez le fleuriste pour acheter un gigantesque bouquet de roses rouges. Si ce n'est pas un appel à la passion, je ne sais plus quoi faire !

J'arrive à la maison gonflé à bloc. Je sais qu'elle est déjà rentrée, et je me réjouis de voir la tête qu'elle va faire quand elle verra les superbes fleurs que je lui apporte. J'ouvre la porte en disant bonjour, et elle me répond de la cuisine, je l'y rejoins, cachant tant bien que mal le bouquet dans mon dos pour mieux la surprendre. Mais lorsque j'entre dans la pièce, elle ne me jette même pas un regard. Elle préfère continuer à faire sauter des légumes dans un wok tandis qu'elle porte Mathilde sur sa hanche. Merde, voilà que je vais aussi être jaloux des courgettes coupées en rondelles dans la poêle qu'elle regarde plus que moi.

– Super que tu sois là, me dit-elle en me collant un *smack* sur la bouche alors que je m'approche d'elle. Tu peux la prendre ?

Elle tente de me refiler notre fille, sans succès car j'ai encore les mains prises. Je recule pour me dépatouiller de l'énorme bouquet, et c'est alors seulement que nos regards se croisent. Ses yeux bleu clair me questionnent.

– Qu'est-ce qu'il y a ?

On est loin, très loin des effusions de tendresse que

j'espérais obtenir. Je sors vite les roses de leur cachette, pour risquer le tout pour le tout.

– C'est pour toi !

– Oh, merci ! Elles sont magnifiques.

Mais au lieu de me prendre dans les bras et de m'embrasser, ce qui aurait quand même été le comportement le plus logique, et en tout cas, celui que j'attendais, la voilà qui se met à pester.

– Zut ! les légumes, ils commencent à cramer ! Tu peux vite mettre tes fleurs dans un vase et t'occuper de Mathilde s'il te plaît ? J'aimerais finir de préparer le repas avant de faire brûler la maison.

Adieu, l'effet magique du bouquet de roses. Je ne serai définitivement pas son Brad Pitt ce soir. Je suis vexé mais il est hors de question que je le montre. Et puis, peut-être qu'elle me remerciera plus tard ? Là, elle est encore en plein stress... Elle a toujours eu du mal à décompresser en revenant du travail, et l'hyperactive que j'ai épousée a toujours besoin d'un moment avant de pouvoir se poser sur le canapé et se reposer.

Je m'exécute donc sans montrer ma frustration, mais je sens qu'il va falloir qu'elle me montre un peu plus de passion, car je suis furieux en fait d'avoir l'impression d'être le seul à faire des efforts.

Le dîner se déroule comme d'habitude, malheureusement. Rien à signaler pour la soirée non plus, et je suis à deux doigts d'exploser. Mais alors que je m'apprête à râler comme un putois de ne pas avoir été assez remercié pour les fleurs, elle se blottit dans mes bras comme un chat pour regarder un nouvel épisode de notre série, et lève vers moi ses grands yeux énamourés.

– Merci pour ce bouquet, il est magnifique.

Enfin un mot gentil ! Il faut dire que j'ai intentionnellement mis les fleurs sur la table basse du salon pour qu'elle y repense. Mon stratagème semble avoir fonctionné. Elle m'embrasse tendrement sur la joue… et retourne sur son coin du canapé, s'arrêtant là, me laissant seul avec cette étincelle de désir qui allait repartir en moi et qui s'éteint aussi vite qu'elle n'était apparue. Je fixe l'écran et je n'arrive pas vraiment à me concentrer sur l'histoire. Ma femme ne me désire plus. Un gentil bisou amical sur la joue, voilà ce que je récolte quand j'essaie de témoigner ma passion. Je me raidis et m'éloigne un peu d'elle en changeant de position sur le canapé. Elle ne remarque même pas mon changement d'humeur, mon changement d'attitude. J'en viendrais presque à être jaloux du poste de télévision qui arrive plus à retenir son attention que moi. C'est vraiment de pire en pire.

Au moment de se coucher, je prétexte avoir des choses à boucler avant d'aller au lit. Elle n'a pas l'air très contente, mais tant pis. J'ai déjà du mal à cacher ma colère et ma frustration, et je n'ai aucune envie de lui caresser le dos comme d'habitude en prétextant que tout va bien. J'attends qu'elle soit endormie pour la rejoindre dans le lit.

3

Hélène

« La bouche de Dimitri n'était plus qu'à quelques centimètres de mes lèvres, et son souffle troublé caressait mon visage.
– Je te veux, Stella. Tu es à moi.
Tout mon corps fut parcouru d'un gigantesque frisson lorsqu'il m'embrassa avec passion.
Oui, j'étais sienne comme lui m'appartenait, nous avions toujours été faits l'un pour l'autre, même avant notre rencontre. Nos chairs et nos âmes avaient été faites pour s'enlacer, pour s'encastrer l'une dans l'autre, et je ne pouvais empêcher mon bas-ventre de se coller contre le sien. Je sentais son sexe dur sous son pantalon, et le désir… »

Rougissante, je jette un coup d'œil autour de moi, histoire de vérifier que personne ne lit par-dessus mon épaule. Le métro est bondé en cette heure de retour du travail, et je ne recherche pas forcément la promiscuité quand je lis ce genre de récit... Heureusement, personne ne peut lire mes pensées, et même si j'ai piqué un fard, personne n'a pu deviner les idées et images coquines qui m'ont traversé l'esprit. Mes voisins de rame somnolent ou sont plongés dans l'écran de leur téléphone portable, donc je me remets à lire le dernier opus des aventures romanesques de Dimitri et Stella inventées par mon amie Christelle, plus connue sous le nom de Kristel Heaven.

J'ai rencontré la célèbre autrice de romances lors du lancement de son dernier livre. L'éditeur avait voulu marquer le coup et nous avait demandé d'organiser une soirée à la hauteur des attentes de ses fans. Nous avons sympathisé lors des préparatifs de l'événement. La quarantaine discrète et élégante, beaucoup plus réservée dans la vraie vie que le sont les héroïnes de ses histoires, elle dégage quelque chose d'authentique qui inspire la confiance, et c'était un vrai plaisir de travailler avec elle. De fil en aiguille, nous sommes devenues amies et j'ai maintenant la chance de faire aussi partie de ses « bêta-lectrices », celles qui peuvent lire ses manuscrits en avant-première et donner leur avis et leurs conseils sur les textes. C'est justement ce que je suis en train de faire avant de la retrouver pour dîner. C'est Tristan qui garde Mathilde, et je suis très contente de pouvoir profiter de cette soirée tranquille. J'ai vraiment de la chance qu'il m'épaule autant.

À peine sortie du métro, je retrouve Christelle dans un petit restaurant japonais rue Sainte-Anne : nous partageons la même passion pour les sushis.

– Alors, tu as commencé LD4 ? me demande-t-elle à brûle-pourpoint.

LD4, c'est le petit surnom du tome quatre de *Love and Desire*, la série qui l'a rendue célèbre.

– Évidemment, lui réponds-je en souriant.

– Et alors ? Tu aimes ?

C'est presque touchant de la voir si inquiète et désireuse de plaire à ses lectrices alors que nous sommes des milliers à avoir déjà été conquises. Malgré son succès, elle n'a jamais pris la grosse tête.

– J'adore ! Je n'ai malheureusement pas pu avancer autant que je le souhaitais, mais l'intrigue commence fort.

– Tant mieux, dit-elle, visiblement soulagée.

– Mais où trouves-tu toutes ces idées ?

– Partout ! Ce que je vois, ce que je lis, les bribes de conversation, mes rêveries secrètes.

– Ton expérience aussi ? Tu as rencontré ton Dimitri ? l'interrogé-je sur le ton de la confidence.

Elle éclate d'un rire franc.

– Les hommes comme Dimitri n'existent que sur le papier. Heureusement, car je suis très loin d'être comme Stella.

– Ah bon ? l'encouragé-je à développer, un peu déçue de sa réponse.

Quelque part, la lectrice en moi espère pouvoir transformer d'un coup de baguette magique ma vie en celle de mes héroïnes préférées.

– Heureusement, tu ne te rends pas compte ! s'exclame Christelle. Imagine si on était toujours parfaitement épilées, habillées, pomponnées, toujours prêtes à avoir plusieurs orgasmes, et rien qu'en étant à peine effleurées en plus, obsédées par l'amour et par un seul homme. Une vie normale serait complètement impossible… et le tout serait épuisant !

– Oui, mais si c'était le prix pour être toujours aimée, désirée, et connaître une passion qui ne s'éteint pas, je serais prête à le payer !

– On peut heureusement avoir une vie amoureuse et sexuelle épanouie sans tomber dans les excès des romances.

– Enfin, tu en écris quand même, tu ne peux pas être foncièrement contre…

– Ne te méprends pas, j'adore ça ! J'aime faire vivre mes amours et mes fantasmes sur le papier, ils enrichissent aussi ma « vraie vie », mais ce sont deux choses différentes !

– Je ne sais pas… enfin si, je ne le sais que trop, en fait… murmuré-je en pensant à mon train-train quotidien, fort agréable, certes, mais tellement éloigné de la passion amoureuse qui brûle entre Stella et Dimitri.

– Mais tu as l'air presque triste, là. Qu'est-ce qui se passe ? me demande Christelle.

Je n'avais pas réalisé à quel point la comparaison entre ma vie et celle de mes héros préférés me montrerait que tout ne va pas si bien que je veux m'en persuader avec mon mari.

– C'est avec Tristan. Je crois que je ne suis pas aussi heureuse qu'avant, commencé-je, essayant de mettre des mots sur le sentiment de mélancolie qui vient de me prendre par surprise.

Je me sens en confiance, avec elle, et peut-être qu'elle pourra m'aider à démêler tout ça…

– Pourtant, il essaie de me montrer qu'il m'aime toujours autant… D'ailleurs, pas plus tard qu'hier, il m'a offert des roses magnifiques.

– Et ?

– Et quoi ? C'était gentil de sa part.

– Oui, tout à fait… Mais à la manière dont tu parles, ce n'est pas « gentil », ce que tu recherches en ce moment.

– Que veux-tu dire par là ? la questionné-je en fronçant les sourcils.

– Si Dimitri offrait des fleurs à Stella, comment penses-tu que cela se terminerait ?

– Par une scène de sexe torride, réponds-je du tac au tac.

Une pensée me vient subitement.

– Chris, tu penses qu'il m'a offert un bouquet pour coucher avec moi ?

– Pas en ces termes-là, non… Mais peut-être qu'il cherchait à réveiller ta passion. Peut-être qu'il voulait que tu le voies comme un amoureux, et non pas comme le père de ta fille. C'étaient des roses, tout de même. Sans être fleuriste, il y a quand même des fleurs qui ont un sens plus fort que d'autres.

– J'étais tellement préoccupée par le reste que je n'y ai même pas pensé, tu t'en rends compte ?

– Ne culpabilise pas pour cela ! C'est vrai qu'il t'a peut-être envoyé un signe pour que tu le voies autrement, mais si c'est ce qu'il veut, il n'a pas été direct non plus.

– Peut-être, mais je me rends compte que je lui reproche de ne rien faire pour nous, et de l'autre, je ne vois même pas les messages qu'il m'envoie !

– Je me trompe peut-être, mais il est possible que la séduction lui manque aussi, et que cette attention soit une manière de te le montrer. Il ne veut certainement pas te brusquer, surtout si cela fait longtemps qu'il ne se passe plus grand-chose entre vous, devine-t-elle.

– Oui, en effet, ce n'est plus ce que c'était… Toi, tu t'y connais, tu ne dois pas comprendre qu'on puisse en arriver là…

– Détrompe-toi, affirme-t-elle posément.

Je l'interroge du regard. Je ne connais pas bien son mari que j'ai juste croisé quelques fois, mais ils avaient toujours l'air très amoureux. Et elle écrit des romances bien pimentées, je n'aurais jamais pensé qu'elle puisse avoir eu des problèmes dans ce domaine-là.

– Je vais te faire une confidence, reprend Christelle. Il y a quelques années, avec mon mari, nous en étions au point mort. Ou plus exactement, je n'avais plus aucun désir pour lui. Pire, ses avances et ses tentatives de rapprochement me mettaient mal à l'aise. Plus il essayait de me séduire et plus je me raidissais en disant non, car j'avais l'impression que j'aurais dû me forcer. Il n'a jamais essayé de m'imposer quoi que ce soit, mais la moindre de ses tendresses m'apparaissait comme une demande déplacée.

– Comment ça ?

– Pour reprendre l'exemple des fleurs, s'il m'offrait un bouquet, eh bien je lui reprochais de ne me faire des cadeaux que pour pouvoir coucher avec moi. Ce n'était évidemment pas son intention, mais je surinterprétais tous ses gestes. Et lui se sentait constamment repoussé par moi, donc il était toujours en colère.

– Qu'est-ce que vous avez fait alors ?

– Un jour, poursuit mon amie, il en a eu tellement assez

qu'il a demandé que nous allions voir un sexologue. Je n'avais plus du tout envie de lui, mais je l'aimais, alors j'ai accepté.

– Et alors, que s'est-il passé ?

– La thérapie nous a permis de briser ce cercle vicieux, et j'ai pu renouer avec mon désir. C'était moins lui le problème que mon propre rapport à mon corps, à ma sexualité. C'est à ce moment-là que j'ai commencé à écrire. Pour moi d'abord, puis pour lui, et enfin j'ai osé faire lire mes écrits et j'ai envoyé mon premier roman à un éditeur. Tu connais la suite.

– C'est fou quand même. Avec Tristan, on n'en est pas là, et je ne me vois pas aller discuter de sexe avec une personne étrangère à mon couple.

– Je comprends, dit Christelle en hochant la tête, mais c'est juste pour dire que parfois, une aide extérieure peut apporter de nouvelles impulsions.

– C'est vrai, mais nous, on n'en est pas là, répété-je. Je suis sûre que c'est une phase, et qu'elle passera.

– Il est tout à fait normal d'avoir des phases de sa vie où le sexe n'est pas la priorité. Ce n'est pas forcément une mauvaise chose, même si on a tendance à penser le contraire ! Ça permet de se concentrer sur d'autres domaines, renchérit Christelle.

– Tu le penses vraiment ? dis-je, dubitative. Tu penses qu'on ne peut pas être heureux dans tous les domaines en même temps ?

– Si, bien sûr… Ce que je veux dire, c'est que la baisse de désir n'est pas forcément liée à une baisse d'amour. Le sexe demande de l'énergie, et quand elle est utilisée ailleurs, on peut tout simplement avoir moins envie. Or élever une petite fille qui, en plus, ne dort pas, c'est très coûteux en énergie. Donc c'est aussi normal que vous ayez moins envie. Mais si tu commences à en souffrir, il peut être intéressant de te pencher sur la question.

– Je vois ce que tu veux dire. J'étais juste un peu mélancolique tout à l'heure, mais sinon, tout va bien, démens-je.

– C'est tout le bonheur que je te souhaite.

Je préfère changer de sujet, car je ne suis pas certaine de lui dire toute la vérité.

– Et donc, pour en revenir à toi, cette thérapie vous a bien aidés ?

– C'est rien de le dire ! m'affirme Christelle. Elle a vraiment changé beaucoup de choses. D'ailleurs, je suis moi-même maintenant une formation en sexologie.

– À ce point-là !

– Oui, tout à fait ! Mes romans parlent de désir, mais j'ai envie d'aller plus loin, ou plutôt d'ajouter une autre dimension. En devenant sexologue, je pourrai aider les autres à mon tour.

– Alors en effet, tu n'es pas gênée quand je te parle de mes problèmes de cet ordre-là…

– Bien sûr que non, me répond-elle en souriant. Dans le cadre de ma formation, je commence à suivre des patients, tu sais. Je ne peux pas vraiment être ta thérapeute, on est trop amies pour cela, mais si tu veux, on peut en discuter et je peux te coacher un bout de chemin.

– Pourquoi pas… Mais je ne sais pas si je peux réussir à te parler de ce qu'on fait sous la couette… Et comme je te le dis, je ne suis vraiment pas sûre d'en avoir besoin non plus.

Je ne suis plus sûre de rien, en fait…

– C'est ton couple, c'est toi qui sais le mieux ce dont vous avez besoin, conclut-elle.

Nous nous taisons toutes les deux et mon esprit repart en vrille. Que voulait Tristan hier soir ? Est-ce que j'aurais dû réagir autrement ? On est heureux, non ? Même s'il ne se passe plus grand-chose au lit…

– Mais bon, si tu avais des conseils à me donner, ça serait quoi ? finis-je par demander.

Un peu d'aide ne peut pas faire de mal… Et je commence à penser que j'en aurais peut-être besoin.

– Je n'ai pas de conseil « prêt à l'emploi » qui marche pour tous les couples. Mais à ce que tu me dis, la vie quotidienne vous a beaucoup éloignés.

Je ne peux qu'être d'accord avec elle.

– Mais alors, qu'est-ce qu'on peut faire ? Comment on réussit à caser le sexe dans l'emploi du temps quotidien, entre le travail et le reste ? On prend rendez-vous ? On fait une croix sur le calendrier pour dire que tel jour, on doit faire l'amour ?

Je dis ces dernières phrases sur le ton de la plaisanterie, mais j'avoue avoir un peu peur qu'elle me dise que oui, c'est la seule solution possible. Le sexe programmé, comme si c'était une « corvée » au même titre que les courses ou les rendez-vous médicaux… Bonjour la déprime !

– Pour commencer, et pour relancer la machine, on conseille souvent de se créer une parenthèse, m'explique-t-elle. Une soirée, un week-end, un moment spécial, hors du temps, où l'on peut se retrouver.

– Tiens, c'est une bonne idée !

Remettre les compteurs à zéro en se créant un moment hors du temps… Oui, pourquoi pas ? Et ça sera toujours plus facile de se retrouver si on n'est pas en plein stress quotidien !

– Je vais nous concocter un petit week-end en amoureux ! décidé-je.

***

Sur tout le chemin du retour, je pense surtout à l'organisation de ces deux journées qui se doivent d'être romantiques, intimes… Quand partir ? Qui peut garder Mathilde ? Où aller ? Je suis excitée comme une puce à l'idée d'en faire la surprise à Tristan. Si Christelle a raison et que les fleurs n'étaient pas sans arrière-pensée, il va vraiment être ravi que j'aie enfin bien reçu le message et que j'aie envie qu'on se retrouve !

En arrivant, je me retiens de le réveiller pour ne pas craquer et tout lui raconter. Je passe une partie de la nuit à imaginer tout ce qu'on pourrait faire ensemble à ce moment-là. Et quand je m'endors, je rêve de Stella et de Dimitri, et ils ont nos visages…

4

Tristan

L'ambiance à la maison me pèse de plus en plus, je n'ai pas tellement envie de rentrer ce soir. Soit Hélène n'est pas là, soit elle est avachie sur le canapé du salon à réclamer ses massages comme si c'était un dû. Elle est crevée, mais bon, moi aussi, et je n'ai toujours pas digéré le coup du bouquet de fleurs. J'étais con, aussi, je m'imaginais quoi ? Qu'elle allait me sauter dessus pour quelques roses ? J'ai dû sortir les rames et surtout le beau plumage pour la séduire quand on s'est rencontrés. Il n'y a pas de raison que ce soit plus facile aujourd'hui.

Je tourne la clé dans la serrure. Pas un bruit ne s'échappe de l'intérieur, alors j'hésite à dire bonjour à la cantonade. Si c'est pour me prendre un vent, non merci. Des rires s'échappent de la salle de bains. J'enlève mon manteau et mes chaussures, prenant même le temps de les ranger, histoire d'éviter de me prendre une remarque. On ne sait jamais.

Hélène est en train de donner son bain à Mathilde. Elles

sont quand même drôlement belles, les deux femmes de ma vie. La grande, ma femme, un mètre soixante de blondeur pétillante, et la petite, un concentré de joie de vivre avec deux fossettes sur les joues, comme sa mère.

– Papa ! crie Mathilde en me voyant entrer. Viens zouer avec nous !

Elle tend ses petits bras vers moi et je fonds complètement. Moi qui pensais que j'allais être de mauvaise humeur toute la soirée. Je ne peux pas résister à sa mignonne petite frimousse. Hélène me regarde en souriant tandis que je m'assois à côté d'elle.

– Bonsoir, mon chéri, me dit-elle en m'embrassant sur la bouche.

– C'est *ma* maman ! nous interrompt Mathilde, en me fusillant du regard.

Ouais, ça, j'avais remarqué. Œdipe n'est pas encore complètement passé par là. Mais j'aime la manière dont ma femme m'accueille ce soir. Ce baiser me fait du bien.

Elles recommencent à jouer avec l'eau et Mathilde renverse le contenu d'un petit seau rouge en plastique sur Hélène. L'eau dégouline sur son visage et elle rit de bonheur. Elle ne se laisse pas faire et elles commencent à s'éclabousser de plus en plus fort. Le T-shirt d'Hélène est de plus en plus mouillé, laissant apparaître sa poitrine. Ses mamelons sont durs et commencent à pointer. Bordel, qu'est-ce qu'elle est sexy ! Je pense à ses seins entre mes mains et je dois me retenir de bander. Avec ma fille à côté, ce n'est vraiment pas le moment…

– Oh là là, dis-je en rigolant, pour essayer de cacher ma

gêne. Vous avez gagné, je suis trempé ! Je file mettre des vêtements secs.

– Non, papa, reste avec nous ! crie Mathilde.

– Tu as gagné, répété-je en faisant mine de la saluer, je ne peux que me rendre !

Et je m'enfuis vite dans la chambre pour me changer.

***

Je n'arrive pas penser à autre chose qu'aux seins trempés d'Hélène, alors je prends un peu mes distances pour les rituels du soir. Je suis sur le canapé quand Hélène me rejoint après avoir couché Mathilde. Elle a mis son vieux pyjama, qui commence à être élimé, mais que j'aime bien finalement, car il est un peu transparent. J'ai l'impression qu'elle le porte depuis toujours, et il me rappelle la jeune femme fougueuse et passionnée dont j'étais tombé amoureux… D'ailleurs, quand elle avait 20 ans, elle ne le gardait pas longtemps. Je la faisais craquer avant, et je me souviens comment elle s'en débarrassait d'un geste rapide en le faisant passer au-dessus de sa tête. Putain, rien que d'y penser, je sens que je deviens dur. Ce qui est clair, c'est que ma femme me fait toujours de l'effet !

Mais malheureusement, je ne suis plus trop sûr que ça soit vraiment réciproque. Moi, je me fais des films, je pense qu'il va se passer un truc, mais en fait, elle s'allonge à côté de moi, me poussant sans ménagement pour avoir plus de place. Puis elle pose ses pieds sur mes cuisses, me traitant encore moins bien qu'un coussin, dans une demande muette de massage, sans s'imaginer deux secondes que je puisse ne pas avoir envie, que je puisse avoir envie d'autre chose. Mais elle est passée où, la bête de sexe avec qui j'étais fiancé ?

La colère que j'avais réprimée remonte d'un coup. Il est hors de question que je la masse ce soir. Et elle, elle y pense parfois à ce dont moi j'ai envie ? Je n'ai pas signé pour être son masseur, bordel, mais pour être son amant ! Comment ça se fait qu'elle ne se soit pas rendu compte que j'ai eu envie de la prendre dans la salle de bains et que je lui aurais sauté dessus s'il n'y avait pas eu Mathilde ? Quoique... ça, c'est dans mes rêves les plus fous : en vrai, elle m'aurait certainement repoussé. Ce n'est plus mon membre qui se raidit pour le coup, c'est tout mon corps, et je serre les dents pour ne pas laisser exploser toute la frustration qui m'habite. Elle ne se doute de rien, ne voit rien, ou presque.

– Tu vas bien ? me demande-t-elle.

– Oui, je suis juste crevé, mens-je pour ne pas la blesser avec ce que je pense vraiment.

– Moi aussi, confesse-t-elle sans réprimer son bâillement, un véritable tue-l'amour, celui-là.

Elle finit par enlever ses pieds et se mettre en boule. La série n'a plus trop l'air de l'intéresser. Quelque part, je suis content si je lui ai un peu gâché la soirée en la privant de son massage quotidien. Après tout, il n'y a pas de raison qu'il n'y ait que moi qui sois un peu frustré de ne pas avoir ce dont j'ai envie. Peu de temps après, elle va se coucher.

– Je ne tiens plus, me dit-elle. Tu me raconteras la suite.

J'acquiesce d'un hochement de tête, sans quitter l'écran des yeux.

Quelques minutes plus tard, il n'y a plus d'autres bruits dans l'appartement que ceux qui sortent de la télévision. Il n'y a que moi qui ne sois pas endormi. Et je sens que je ne vais pas trouver le sommeil de sitôt.

En fait, ça devient plus clair. Elle n'a rien compris pour le bouquet parce qu'en fait, elle n'a absolument pas envie de comprendre. Je suis passé du côté obscur du mariage, je suis devenu aussi transparent que les vitres après un ménage de printemps. Ma femme ne me regarde plus comme un homme. Elle n'est plus que mère… Mais moi, je refuse de renoncer à ça… Je suis un mec, bordel, pas seulement un père, un masseur, un porteur de télécommande !

Je ne lui demande pas de faire la geisha à mon retour, mais un mot gentil, un baiser, un truc qui me montre qu'elle m'aime – non, qu'elle est amoureuse de moi. C'est trop demander ? Peut-être que c'est ça le fond du problème, peut-être qu'elle n'est plus amoureuse de moi ? Si ça se trouve, elle va finir par me larguer et je vais me retrouver tout seul comme un con !

Ou de retour sur le « *love market* », comme dirait Mika…

Et d'ailleurs, qui dit que je n'aurais pas autant de succès que lui ? Pendant un instant, j'en reviens presque à jalouser son célibat. Moi aussi, j'aimerais avoir des nanas qui me regardent avec des grands yeux énamourés ! Je suis sûr que je pourrais encore plaire à plein de filles. Que je pourrais avoir du succès ailleurs, si j'en avais envie.

Et si… je vérifiais ?

Le cœur battant à cause de la peur de me faire gauler, mais aussi de l'excitation du jeu, je télécharge l'appli de rencontre dont Mika m'a parlé.

« Bienvenue sur WhatsLove,
le chemin le plus facile pour trouver l'amour. »

Déterminé, j'ouvre l'appli. Je dois me créer un profil pour accéder à ceux des utilisatrices. Je suis donc Matteo, premier prénom qui me passe par la tête, allez savoir pourquoi. J'ai 35 ans. Bon, ce n'est pas exactement ça, mais de toute façon, je ne suis pas parti pour dire la vérité, toute la vérité…

Maintenant, il faut que je télécharge une photo de profil. Là, je sèche quelques minutes. Je ne me vois pas mettre une vraie photo de moi, mais si j'en mets une de Jason Momoa, on va tout de suite savoir que c'est un faux profil… Le mensonge rend ingénieux et je dégotte sur mon tél une photo de moi que je recadre pour ne pas être reconnaissable.

Il y a encore une dernière question avant de pouvoir accéder aux profils des utilisatrices…

« Choisis le genre d'amour que tu recherches :
1) "Amour toujours", du sérieux pour toute la vie… »

Euh non… ça, j'ai déjà à la maison, et franchement, je ne suis pas convaincu de la réussite du projet…

« 2) "Amour ami", pour discuter et plus si affinités »

Comment dire… Soyons honnête, je ne suis pas là pour entamer une conversation sur la pluie et le beau temps, mais pour tester mon charme… Donc, non.

« 3) "Amour d'un soir" pour s'aimer sans lendemain difficile »

Voilà la case que je coche. Et puis au moins, si je *matche*, je ne décevrai personne. Il n'y aura pas une nana de l'autre côté de son écran qui s'imagine qu'un mec est en train de tomber amoureux d'elle. C'est mieux pour tout le monde.

Et hop, je suis dedans.

Des nanas, encore des nanas, des jolies, des moins jolies… Je *swipe* à gauche pour continuer à regarder, surpris du nombre de personnes qui cherchent à faire une rencontre, voire plus si affinités. Je m'enhardis et commence à *swiper* à droite. Il y en a qui sont vachement bien foutues quand même. Puis pour la première fois, je *matche*. Bah voilà, je peux encore plaire.

Je continue, un peu hypnotisé par toutes ces images qui défilent. Je *matche* encore, je lui plais, elle me plaît. La première n'était donc pas une erreur, je suis encore séduisant. J'ai beau savoir que c'est débile, car la nana n'a vu que mes pecs de loin sur une plage, mais ça me fait du bien de savoir qu'il y aurait d'autres possibles…

Et puis soudain, je reçois un message, avec un smiley rougissant :

Lili : Salut toi !

Puis un deuxième :

Lili : Toi aussi, tu recherches un peu de fun ?

Putain, non, je ne recherche pas de fun ! Mais qu'est-ce

que je suis en train de foutre ? Comme pris de panique, je me dépêche de sortir de l'appli et même de l'effacer de mon téléphone.

Non, je ne recherche pas un coup d'un soir. Je voudrais juste retrouver ma femme… Je me sens comme un con, et seul. Putain, je suis en train de parler à des inconnues plutôt qu'à la principale concernée ! Mais elle ne se rend tellement compte de rien, je ne saurais même pas quoi lui dire !

5

Hélène

– C'est pour ce genre de choses que j'adore mon travail ! affirme Anaïs en éclatant de rire.

– Moi aussi, renchéris-je. Il y a en effet des métiers plus difficiles.

Et puis en ce moment, je suis presque mieux au bureau qu'à la maison. Tristan est de plus en plus taciturne, et je ne comprends pas pourquoi. Il faut vraiment que je prenne le temps d'organiser un week-end pour tous les deux. Mais depuis ma conversation avec Christelle, le temps a filé et je ne sais toujours pas où est caché le bouton « pause ».

– Eh, arrête de rêver, tu vas te mettre à baver ! me dit Anaïs, interrompant le flux de mes pensées.

Penchées au-dessus de la grande table de la salle de réunion, nous sommes en train de choisir les top-modèles masculins qui représenteront la marque à la soirée. Étalées devant nos yeux, les photos de mâles plus beaux et mieux faits les uns que les autres, souvent en petite tenue, attendent notre verdict. Anaïs et moi nous connaissons suffisamment bien depuis les cinq ans que nous travaillons ensemble pour nous rincer l'œil sans être embarrassées.

– Celui-là, par exemple, j'en ferais bien mon quatre-heures, m'avoue-t-elle en pointant un beau brun barbu et au torse musclé recouvert de tatouages.

– Tu ne le trouves pas un peu *too much* ?

– Absolument pas ! Et tu as vu ce regard de braise ? Imagine qu'il te dévore avec les yeux, tu ne peux que fondre !

– Je ne sais pas. C'est un peu surfait, je trouve, ces photos sexy…

– Ah non, je ne trouve pas. Mais je suis une visuelle.

Elle baisse la voix pour ajouter :

– C'est quand même super sympa, les échanges de photos un peu coquines, tu ne trouves pas ?

– Je ne sais pas, je ne l'ai jamais fait.

– Ah bon ? Mais c'est vrai que tu es mariée depuis longtemps, toi. Trop longtemps, même, on dirait !

Décidément, je commence à avoir l'impression que tout le monde s'amuse plus que moi. Est-ce seulement parce que nous sommes depuis trop longtemps en couple que nous ne nous amusons plus ? Je me sens obligée de me justifier.

– Eh oui, quand j'ai rencontré mon mari, il ne me serait jamais venu à l'esprit de lui envoyer des photos dénudées. J'étais bien trop complexée pour oser les prendre, et encore plus pour les montrer !

– Et maintenant, tu es toujours complexée ?

– Moins, je suis comme tout le monde, je pense, j'ai fait

la paix avec mon corps, même si de temps en temps, j'aimais encore qu'il soit différent…

– Tu devrais tester à l'occasion, plaisante Anaïs avant de recommencer à regarder les modèles.

– Je n'oserais jamais ! Je ne suis pas Kate Moss.

– Là n'est pas la question. C'est le fait de les prendre qui fait l'intérêt de la chose, l'échange aussi.

J'ai du mal à m'imaginer envoyer des photos de moi en petite tenue à Tristan, mais il faut dire que nous ne sommes pas vraiment proches de ce côté-là en ce moment… D'ailleurs, dès que je serai à la maison, je me mettrai à l'organisation de notre petit week-end en amoureux.

Anaïs et moi avons bientôt fini notre sélection, un mannequin par type de produit, et avec des physiques assez différents pour que tous les hommes puissent s'identifier – et aussi pour que leurs copines aient envie de leur offrir des produits. Selon nos études de marché, ce sont souvent les compagnes qui sont prescriptrices. C'est en tout cas sur elles que l'on table pour le lancement.

Je passe la fin de la journée à envoyer des mails à un certain Dean, le responsable de la communication aux États-Unis. Le courant passe très bien, je comprends vite ce qu'il veut, et je pense qu'on a vu juste. C'est la première fois que je porte autant sur mes épaules la réussite d'un événement, alors j'ai la pression… Mais j'adore cet aspect-là de mon métier ! En revanche, c'est complètement chronophage, si bien que (pour changer !) je me retrouve à partir trop tard du boulot, à trépigner dans les embouteillages, à affronter les regards courroucés de Mme Radosch qui en a de plus en plus marre de mes retards.

Je ne peux pas continuer de cette manière, sinon je vais droit dans le mur. Et surtout, je commence à avoir peur pour mon couple. On a fondé une famille, et là on est en mode survie. J'ai envie qu'on se retrouve, et je ne sais pas par où commencer… Si, en fait, je sais.

Du temps pour nous. Voilà ce dont Tristan et moi avons besoin. À peine franchi le seuil de l'appartement que je me mets en mode *warrior* pour organiser notre week-end rien que tous les deux.

Première chose à faire : trouver quelqu'un pour garder Mathilde.

Mes parents se réjouissent toujours de l'avoir, alors pourquoi pas eux ? J'installe Mathilde à jouer à côté de moi dans le salon tandis que j'appelle ma mère pour lui demander ses disponibilités.

– Voyons Hélène, c'est toujours une grande joie de la voir, ce n'est pas un service que nous te rendons ! Je m'étonne même que tu ne nous la laisses pas plus souvent.

– Vous avez toujours plein de choses à faire.

– Mais elle est – comme toi d'ailleurs – notre priorité. Qu'est-ce que tu dois faire déjà ?

– Je ne dois rien faire, j'ai envie de partir seule avec Tristan pour un week-end en amoureux.

– Quelle bonne idée ! C'est important pour un couple de se réserver des moments en amoureux.

– Du coup, quand est-ce que vous seriez dispo ?

– Quand tu veux, ma chérie.

Je réfléchis.

– La semaine prochaine ? Ou c'est trop court ?

Autant battre le fer quand il est chaud… C'est maintenant que nous avons besoin de nous retrouver, pas dans six mois.

– Non, c'est parfait.

Première étape : *check* !

Maintenant, il ne me reste plus qu'à choisir la destination. Dans l'idéal (traduire : si j'étais Stella et qu'il était Dimitri), je nous aurais réservé une chambre dans un des palaces de Monaco. Nous aurions voyagé dans son jet privé, puis nous nous serions prélassés tout l'après-midi dans le spa de l'hôtel cinq étoiles. Nous aurions ensuite dîné aux chandelles sur un yacht, et nous nous serions retrouvés dans des draps en soie pour terminer la nuit en beauté.

Mais je n'ai pas le budget de ces deux-là ! Il nous faudrait plutôt un endroit pas trop cher… Grâce à la magie d'Internet, je nous trouve une chambre ravissante dans un petit hôtel charmant à côté de Cabourg. C'est parfait : pas si loin de Paris, mais quand même dépaysant ! À nous la grande promenade romantique au bord de la mer ! J'achète deux billets de train pour ne pas avoir le stress de la conduite. Et si je prévoyais une bouteille de champagne, pour la route ? Mathilde à côté de moi joue gaiement, comme si elle était d'accord avec moi sur le fait que ce voyage est la meilleure idée que j'ai eue depuis bien longtemps.

Je n'ai pas encore commencé à préparer le dîner que Tristan arrive. Trépignant d'impatience, je lui saute dessus pour l'accueillir. Surpris, il recule presque, ce qui me vexerait si je n'étais pas d'aussi bonne humeur.

– Je nous ai préparé une surprise, lui annoncé-je, incapable de tenir jusqu'après le repas comme je l'avais prévu.

Il fronce les sourcils. Décidément, nous ne sommes pas

d'humeur compatible ce soir… Mais je refuse de gâcher mon plaisir.

– Je nous ai concocté un petit week-end en amoureux, dis-je en m'approchant de lui pour le serrer dans mes bras.

– Quand ?

J'aurais préféré une réaction plus positive, mais passons.

– Samedi prochain !

– Samedi prochain ? Mais ça ne va pas du tout ! J'ai la présentation à boucler pour la semaine d'après, je risque de devoir bosser tout le temps. Tu le savais, en plus !

Oui, je le savais, mais j'avais occulté…

– On partira à un autre moment, alors.

– Ça serait mieux en effet.

Pourquoi est-ce qu'il a l'air fâché ?

– Tu m'en veux de ne pas m'être souvenue de ta présentation ? lui demandé-je doucement.

– Non, ce n'est pas le problème.

– Ah bon ? Mais alors, il y a un problème.

Il me fixe en silence pendant quelques secondes qui me paraissent interminables, visiblement en proie à un conflit intérieur auquel je n'ai pas accès.

– Non, je vais m'organiser, conclut-il, radouci. Ce n'est pas le moment, mais c'est une bonne idée.

Gagné ! Mais c'est à cet instant que Mathilde se met à pleurer, visiblement mécontente de ne pas être au centre de tous les intérêts. Je la prends dans les bras pour la calmer, et Tristan m'étreint enfin à son tour.

– On en a besoin, en effet… murmure-t-il en caressant tendrement le visage de notre fille.

6

Hélène

J'aurais dû comprendre que l'humeur taciturne de Tristan était un mauvais présage. Déjà, dans le train, nous n'avons pas, comme prévu, dégusté nos deux coupes de champagne. Juste à côté de nous, il y avait dans le carré une famille épouvantable dont les deux enfants n'ont pas arrêté de brailler et de se disputer durant tout le trajet. Pour une fois qu'on n'emmène pas notre fille, nous nous retrouvons à devoir supporter les hurlements des enfants des autres ! Résultat, Tristan était de plus en plus tendu. Moi qui nous imaginais flirtant dans le train et commençant à peine partis à nous retrouver, j'ai l'impression que c'est l'inverse qui se passe. Nous n'échangeons pas un mot, et j'attendais tellement de ce moment que je n'arrive même pas à sourire de la situation. Le Tristan que je connaissais aurait réussi à tourner ce trajet en une tragi-comédie désopilante, mais il ne dit rien et évite mon regard.

Nous arrivons à la gare sous une pluie battante. Adieu,

balade sur la plage en amoureux ! J'aurais dû me souvenir du proverbe : en avril, ne te découvre pas d'un fil ! Mais non, j'étais résolument optimiste… mais je ne le suis plus. Je vois bien à sa mine sombre que Tristan aurait préféré rester à Paris pour travailler à son logiciel, plutôt que d'être coincé ici avec moi. J'avoue que je commence à lui en vouloir. Je fais des efforts pour rester de bonne humeur, mais j'ai l'impression que lui n'en fait aucun, donc je deviens à mon tour de plus en plus taciturne.

Nous sommes trempés quand nous nous installons dans la chambre, et lorsque Tristan m'annonce qu'il va prendre une douche, j'essaye tant bien que mal de rattraper la situation :

– D'accord, j'aurais peut-être dû regarder la météo, concédé-je.

– Je ne te fais aucun reproche. Tu n'es pas responsable du temps qu'il fait.

– Tu n'en fais pas verbalement, mais je vois bien que tu n'es pas heureux d'être là avec moi.

Voilà, c'est dit… Au moins, on va arrêter de tourner autour du pot. Et puis, peut-être qu'il va me contredire ? Me rassurer ?

– Je t'avais dit que ce n'était pas le meilleur week-end pour partir de toute façon.

– Mais tu as dit que tu pouvais t'arranger ! m'emporté-je, déçue de sa réaction.

– Ce que j'ai fait, dit-il en soupirant.

Nous restons tous les deux en silence.

– Tu veux te doucher avant ? me demande-t-il.

– Non, je vais me glisser sous la couette pour me réchauffer.

Vu l'ambiance, je n'ose pas lui dire que j'aurais préféré qu'il me propose d'aller ensemble sous l'eau chaude ou qu'il vienne à côté de moi pour profiter de la chaleur humaine.

Il me regarde d'un air interrogatif, mais je ne sais pas ce qu'il me veut. Il m'énerve à ne pas parler, à ne pas se laisser aller, à me laisser faire tous les efforts. Il hausse les épaules et s'enferme dans la salle de bains. Pendant ce temps, je sors LD4 et retrouve la passion de Stella et de Dimitri. Lui au moins, il a toujours envie de la toucher, d'être près d'elle, de s'occuper d'elle…

Je réalise que je suis en train de pleurer doucement.

Lorsqu'il sort de la salle de bains, je me rends compte que je n'arriverai pas à jouer un rôle. Je ne peux pas faire comme si de rien n'était, je ne peux pas l'attirer vers moi et lui demander de me tenir dans ses bras, je n'aurais pas la force de me prendre une remarque ou un non. Alors je me mets sur le côté et fais semblant de m'être endormie avant de sombrer pour de vrai dans les bras de Morphée – à défaut de ceux de Tristan.

***

Quelques heures plus tard, lorsque je me réveille, Tristan n'est pas là. Je trouve un petit mot sur la table de chevet.

Il ne pleut plus, je suis allé me promener.
Appelle-moi dès que tu es réveillée.
Je t'aime.

Il m'aime. Je sais que c'est vrai, mais pourquoi n'arrive-t-on plus à se le dire, à se le montrer ? Il faut vraiment que je fasse quelque chose. Je sors du lit, je me pomponne, enfilant la jolie robe noire que j'ai apportée exprès pour notre dîner, me maquillant un peu. Enfin prête, je l'appelle. Je force mon ton à être enjoué.

– Merci, mon chéri, de m'avoir laissée dormir, j'étais épuisée !

– Je t'en prie. Tu me rejoins sur la plage ?

– Je me suis déjà préparée pour le dîner. On va plutôt prendre un verre en ville avant ?

– Comme tu veux…

Nous nous donnons rendez-vous dans un petit bar cosy près du restaurant où nous irons après. Tristan a l'air plus détendu. Tant mieux. Le week-end a encore une chance de bien se passer.

– J'aime bien cette robe, me complimente-t-il.

– Merci, réponds-je en souriant, contente de voir que ma tenue a fait son petit effet.

Nous commandons une coupe de champagne pour enfin fêter nos retrouvailles. C'est bon de se poser un peu et de se raconter plein de choses… Même si je réalise que depuis le début, nous n'avons parlé que de Mathilde. J'essaie de le questionner sur son travail, pour lui montrer que je m'y intéresse, mais il coupe court à la conversation en disant qu'il n'est pas parti aussi loin pour parler de son boulot. Moi, j'aurais bien aimé qu'il m'interroge sur l'événement que je suis en train de préparer, mais il ne comprend pas trop l'intérêt que j'y trouve, alors je préfère laisser tomber plutôt que risquer d'être de nouveau agacée.

Le dîner est romantique à souhait, et nous arrivons enfin à trouver différents sujets de conversation. On badine, on ne parle de rien de sérieux, mais cela ne nous était pas arrivé depuis longtemps et cela me fait du bien. Je me rappelle pourquoi je suis tombée amoureuse de lui. Que l'on parle de choses futiles ou importantes, on se retrouve, on est sur la même longueur d'onde, et j'aime quand il me regarde comme si j'étais la chose la plus précieuse au monde – et la meilleure qui lui soit arrivée.

En revanche, je ne me rends compte que trop tard que j'ai abusé des bonnes choses. Au moment de se coucher, je suis prise de terribles crampes d'estomac. Entre les fruits de mer, la sole meunière, le plateau de fromages normands et la mousse au chocolat, le festin était de roi, mais je n'ai pas le système digestif de Gargantua !

C'est seulement lorsque je m'allonge à côté de Tristan que je remarque qu'il est nu. D'habitude il dort toujours en caleçon… C'est agréable de sentir son corps si près de moi… mais j'ai trop mal au ventre.

Il pose sa main sur mon épaule, puis commence à caresser mon dos, descendant doucement vers mes fesses. Je suis obligée de l'arrêter.

– Je ne peux pas, je suis désolée. J'ai trop mangé.

D'abord, un silence. Puis il murmure : « OK », avant de se retourner pour se positionner à l'opposé de moi. Je ne peux pas m'empêcher de culpabiliser : est-ce que c'est mon inconscient qui m'a fait trop manger pour éviter les rapprochements ?

Il n'y a pas que mes soucis digestifs qui m'empêchent de dormir cette nuit-là.

7

Tristan

Mais pourquoi a-t-elle organisé ce week-end, bordel ?

Je n'y comprends plus rien et la colère commence à me monter au nez. Si c'était juste pour dormir et se reposer sans Mathilde, je peux comprendre, mais dans ce cas, elle n'avait qu'à partir seule ! De toute façon, je le sentais mal depuis le début, son truc.

Je préfère ne rien dire plutôt que de me fâcher, mais je me demande vraiment à quoi je sers et ce que je fous ici. Quitte à ce qu'elle me fasse la gueule, elle aurait pu le faire à la maison ! Au moins, j'aurais pu avancer sur mes dossiers.

C'est vrai que ce n'était pas le bon moment pour partir, et que je n'étais pas convaincu de l'intérêt de ce week-end improvisé. J'étais sceptique, mais j'ai eu envie de me laisser convaincre. Je me suis dit que peut-être elle aussi avait envie qu'on se retrouve ? Et dans ce cas, ça valait en effet bien le coup de moins penser au boulot. Putain, j'y ai cru ! Je voulais y croire, et j'y ai cru. Franchement, quelle douche froide… Et je ne parle pas de la pluie qui nous a accueillis à notre arrivée. C'était la goutte d'eau qui a fait déborder le vase. Quoique, on aurait pu se retrouver tous les deux sous la couette à faire des choses sympas…

Que dalle. Moi qui m'attendais à ce qu'elle me saute dessus, tu parles…

Oui, j'espérais qu'on se rapprocherait et qu'on ferait l'amour. Ras le bol de n'être plus que le père de sa fille, ou un gentil mari, je crois qu'elle a oublié que j'étais aussi un mec de base avec des envies – et surtout celle d'être désiré par sa femme. Alors aujourd'hui, je ne tente rien, je n'ai rien tenté. Après tout, si je lui plais, elle pourrait aussi faire le premier pas ? J'en ai marre qu'elle me repousse.

Depuis ce matin, elle ne parle pas. Je ne sais pas si elle me fait la gueule ou si elle est en mode veille à recharger ses batteries avec l'air de la mer. Mais je ne lui demande pas. Ça fait tellement longtemps qu'on ne parle plus de tout ça, que je ne saurais pas par où commencer et que lui dire. Et puis surtout, je ne suis pas du tout certain d'être prêt à connaître la réponse.

On petit-déjeune en silence dans l'hôtel, et je lui propose de faire une balade sur la plage. Quitte à être ici, autant en profiter. Elle n'a pas l'air convaincue par ma proposition, mais elle accepte. Je me souviens d'une citation qu'elle adorait : « Être amoureux, ce n'est pas se regarder dans le blanc des yeux, c'est regarder ensemble dans la même direction. »

Tu parles !

On regarde la mer, mais on ne se voit plus.

– À quoi tu penses ? me demande-t-elle soudain.

J'ai envie de lui répliquer qu'elle ne veut pas vraiment le savoir.

– Au boulot, réponds-je à la place.

Elle ne dit rien. Elle est sûrement blessée par ma réponse laconique, mais tant pis. Moi aussi, je suis blessé.

– On pourrait prendre un train plus tôt pour rentrer, propose-t-elle timidement.

– Bonne idée.

De toute façon, on n'aura pas réussi à se retrouver. Mais je ne sais pas si c'est ce qu'elle voulait finalement. Je n'y comprends rien.

– J'appelle mes parents pour les prévenir qu'on arrivera plus tôt.

Génial. Faire autant de chemin pour se retrouver en conversation avec les beaux-parents. Vraiment, pourquoi est-on partis ?

***

On passe prendre la voiture à la maison pour aller chercher Mathilde. La journée est assez pourrie, on ne va pas en plus s'emmerder dans le RER. Malgré l'atmosphère glaciale, on y va ensemble. Les habitudes ont la vie dure, mais j'ai l'impression qu'elles n'arrivent plus à cacher les problèmes de fond. Alors que je conduis, Hélène éclate soudain en sanglots.

– Qu'est-ce qui se passe ? m'alarmé-je, détournant les yeux de la route quelques instants.

– Pourquoi tu ne m'aimes plus ?

Je tombe des nues.

– Qu'est-ce que tu dis ?

– Tu ne m'aimes plus, tu ne me désires plus… Je nous organise un week-end en amoureux et toi, tu ne penses qu'à ton boulot.

En entendant ces reproches, la colère que j'avais contenue jusque là explose.

– Pardon ? C'est toi qui es allée te coucher à peine arrivée, toi qui m'as repoussé après le dîner ! À un moment, j'en ai marre de me prendre des râteaux de ta part !

Elle s'arrête de pleurer brusquement, comme stupéfaite par mes propos.

– Parce que tu aurais eu envie de faire l'amour avec moi ? me demande-t-elle dans un murmure.

– Évidemment ! me fâché-je presque.

– On est trop bêtes alors.

– Oui…

Le silence qui suit ces quelques phrases est beaucoup plus agréable que celui qui nous a serré le cœur tout le week-end.

– Alors, tout à l'heure, peut-être qu'on fera l'amour ? reprend-elle.

– Je l'espère.

À ce moment-là, j'ai une furieuse envie de l'embrasser : si je n'étais pas au volant, je me jetterais sur ses lèvres !

– Je t'aime, tu sais, Hélène, lui dis-je en posant ma main sur sa cuisse.

Elle s'en empare et la serre très fort avant de me dire :

– Moi aussi je t'aime, Tristan.

Dès que j'ai garé la voiture devant le pavillon de banlieue, je défais ma ceinture, me tourne vers ma femme, l'enlace et l'embrasse à pleine bouche. Surprise d'abord, elle me rend mon étreinte et mon baiser. J'aime sentir son corps si près du mien, mais je dois arrêter : je me vois mal débarquer chez beau-papa et belle-maman avec une érection…

– On continuera plus tard, dis-je d'une voix que mon désir a rendue rauque.

– Avec plaisir, me répond-elle en me caressant doucement le visage.

***

On a à peine passé le pas de la porte que Mathilde se jette dans nos bras en nous faisant la fête. J'adore quand son sourire dévoile les deux jolies fossettes sur les joues qu'elle a héritées de sa maman !

– Comment s'est passé votre week-end alors ? Pas trop gâché par la météo ?

– Non, maman, c'était très bien, ment éhontément Hélène.

Après tout, il était pourri, mais il a l'air de bien se terminer. C'est tout ce qui compte.

Je les laisse se raconter les derniers potins familiaux en rassemblant les affaires de notre fille. Sur le chemin du retour, nous discutons en chuchotant pour ne pas réveiller Mathilde.

– J'ai hâte d'être à tout à l'heure, finis-je par lui confier.

– Moi aussi, renchérit-elle avec un sourire complice.

Il ne m'en fallait pas plus : pendant le reste du trajet, de douces images de draps froissés et de baisers m'envahissent l'esprit, et je dois me concentrer pour rester focalisé sur la route.

Nous couchons rapidement Mathilde avant de nous glisser à notre tour sous la couette, avec un empressement nouveau. Hélène recommence à me passer doucement ses doigts sur ma joue comme tout à l'heure, et mon désir renaît. J'ai envie de plus. J'ai envie de ma femme. J'ai envie de lui faire l'amour.

Mais c'est le moment que choisit Mathilde pour se réveiller et se mettre à hurler.

– Non, crié-je presque. Ce n'est pas possible !

– J'y vais, dit Hélène avant de disparaître dans la chambre de la petite.

Mathilde pleure encore un moment, puis elle se calme et le silence revient. Cinq minutes passent, dix minutes… Je finis par sortir du lit pour aller voir où elles en sont. Ma fille est endormie… et ma femme aussi. J'ai dû faire du bruit car Hélène se réveille.

– Je suis désolé, m'excusé-je.

– Non, au contraire, me répond ma femme. Je suis ravie de pouvoir retourner avec toi dans le lit.

Elle me fait un petit sourire coquin, comme une invitation à aller plus loin. Lorsque nous nous allongeons l'un à côté de l'autre, nos mains commencent à caresser nos corps. C'est à la fois si familier et si étonnant. J'ai peur de faire le mauvais geste et qu'elle m'arrête là en me disant que finalement, elle n'a pas envie.

Mais non, elle continue à laisser ses mains vagabonder sur mon corps et nous nous déshabillons. Lorsque quelques caresses plus tard, je la pénètre, je réalise que faire l'amour avec elle me manquait encore plus que je ne le pensais.

8

Hélène

À peine revenus de notre week-end que nous sommes de nouveau happés dans le tourbillon de la vie quotidienne. Je me sens épuisée, entre Mathilde qui recommence à se réveiller la nuit et la préparation de la fête organisée pour la sortie des produits de beauté.

Nous n'avons pas refait l'amour depuis ce dimanche soir là. Pas l'envie ? Pas le temps ? N'est-ce pas la même chose, tout bêtement ? Je dois avouer que notre couple n'a pas été la priorité de ces deux dernières semaines. Le grand soir est enfin arrivé, et je suis excitée comme si j'avais organisé l'événement le plus important de la dernière décennie. Enfin, pour moi, c'est le cas !

Le fameux Dean est arrivé en début d'après-midi, et nous nous retrouvons dans le restaurant cabaret qui héberge la soirée. Dean est un bel homme, et qui en a pleinement conscience, avec un look *casual* chic et des détails tendance extrêmement étudiés. Derrière la nonchalance californienne, on sent l'homme qui ne laisse rien au hasard, celui-là même avec qui j'ai travaillé par mail. Sa poignée de main est ferme et franche, ce que j'apprécie beaucoup. Nous passons l'après-midi à revoir le déroulement des festivités : le défilé, la présentation des produits, les cadeaux, les petits jeux pour gagner les *goodies*. Une fois encore, on est sur la même longueur d'onde, et c'est très agréable de travailler avec lui.

– Hélène, j'adore travailler avec vous. Je suis vraiment très content de votre travail, je suis sûr que cette soirée va être un succès, me félicite-t-il de manière un peu prématurée devant toute l'équipe.

– Nous ferons tout pour, dis-je en me sentant rougir.

– J'aimerais bien voir la salle où aura lieu la fête avant ce soir, vous pouvez m'y conduire et me faire visiter ? me demande Dean.

– Bien sûr, réponds-je, un peu gênée.

J'ai du mal à identifier les émotions qui m'envahissent à l'idée de me retrouver seule avec lui. Un mélange de peur et… d'envie ?

– J'avais de toute façon prévu d'y passer pour vérifier que tout est prêt, vous pouvez venir avec moi si vous le souhaitez, lui expliqué-je pour me donner une contenance.

– Avec plaisir, accepte-t-il en souriant.

Franchement, je comprends pourquoi cet homme travaille pour des cosmétiques, j'ai rarement vu un sourire aussi sexy et chaleureux à la fois. Zut, c'est peut-être ça qui me tracasse… Peut-être que je ne suis pas complètement indifférente à son charme… ?

– J'ai quelques coups de fil à passer, on se retrouve dans le hall dans quinze minutes ? poursuit-il.

– Parfait !

Je le regarde s'éloigner et mes yeux ne peuvent s'empêcher de regarder ses fesses… qui ont l'air pas mal. Il faut que je me reprenne !

– Eh bien ! me chuchote Anaïs, il n'a vraiment d'yeux que pour toi ! On sent que tu lui plais !

– Tu crois ? réponds-je d'un ton que je veux détaché.

Mais je souris malgré moi. C'est flatteur, après tout…

– Carrément ! Et vu comme il te regarde, il n'y a pas que ton esprit qu'il trouve à son goût.

– Je suis sûre que tu exagères, dis-je en espérant le contraire.

– Et moi, je suis sûre que tu portes des œillères ! rigole Anaïs. Décidément, vous, les femmes mariées, vous ne voyez rien !

***

Un quart d'heure plus tard, Dean me retrouve comme prévu. On va prendre ma voiture, c'est plus simple. L'Américain est visiblement ravi d'être là, et sa bonne humeur est contagieuse.

– Un siège enfant ? Vous avez des enfants ? me demande-t-il.

– Oui, une fille. D'ailleurs, je suis désolée pour le bazar. Ma voiture me sert plus à l'amener chez la nounou qu'à conduire des clients…

– Ne vous en faites pas, je connais. J'ai des enfants, moi aussi.

– Ah bon ?

– Oui, des jumeaux. Ils vivent chez leur mère.

– Vous n'êtes plus ensemble ?

Mais qu'est-ce qui me prend ? Je serais presque contente qu'il soit célibataire ! Mais je suis mariée, moi, et j'aime Tristan.

– Non, parfois les histoires d'amour finissent mal, comme vous dites en France.

– Parfois, mais pas toujours.

– Heureusement, dit-il en souriant à nouveau. Et vous, vous êtes mariée ? Excusez-moi, mais je n'ai pu m'empêcher de voir votre alliance.

– Oui, en effet.

– Et heureuse, alors ?

Je mets une seconde de trop à répondre. Une seconde où je me demande si je suis vraiment heureuse avec Tristan, si je ne préférerais pas plutôt être dans les bras d'un homme comme Dean.

– Oui, dis-je quand même.

– J'espère qu'il se rend compte qu'il a bien de la chance, votre mari !

– Vous me flattez.

– Peut-être. Mais vous le valez bien.

La discussion continue, légère et pétillante, jusqu'à notre arrivée dans la salle. Dean est conquis par la décoration autant que par le choix du lieu et ne tarit pas d'éloges. Mais au lieu de me rassurer, cela me met encore plus la pression. Il faut vraiment que tout soit parfait ce soir.

– À ce soir, chère Hélène, me lance-t-il à la fin de notre visite. Je vais vous laisser régler tranquillement les derniers détails.

Alors qu'il monte dans le taxi en m'adressant un clin d'œil, je ne peux m'empêcher de penser qu'il est aussi lumineux que Tristan a été sombre ces derniers temps.

***

À la fin de la journée, je passe en coup de vent à la maison pour me doucher, me refaire une beauté et mettre la robe de soirée que j'ai achetée spécialement pour l'occasion. Tristan n'est pas encore là, il doit être en train de chercher Mathilde, mais je n'ai pas le temps de les attendre. Je ne veux pas risquer d'être en retard à l'événement que j'ai moi-même organisé.

Je retourne en taxi au restaurant, et je suis accueillie par un Dean éblouissant dans un smoking années 1920 qui rappelle le sujet de la campagne. On se croirait en plein dans un film sur la prohibition, et j'en oublierais presque quelques secondes qu'il s'agit d'un événement publicitaire. J'espère que les convives auront le même sentiment !

– Vous êtes absolument magnifique, me complimente Dean.

– Merci, réponds-je en rougissant malgré moi.

Je ne peux m'empêcher de repenser aux paroles d'Anaïs. Et c'est vrai qu'il est pas mal, cet Américain…

La soirée est un véritable succès, je n'ai pas cinq minutes de répit, mais tout le monde a l'air enchanté, des commanditaires aux invités. Alors que les derniers sont en train de partir, je rejoins Dean dans le petit salon VIP où il avait installé ses quartiers.

– C'était fantastique, Hélène. Je n'en doutais pas. Une fête organisée par une femme aussi merveilleuse que vous ne pouvait qu'être réussie.

– Je vous remercie, Dean. Je suis heureuse que vous soyez content de notre prestation, réponds-je, à la fois troublée et flattée.

Il s'approche doucement, et je me retrouve pétrifiée, avec autant envie de fuir que de rester là. Il s'arrête à quelques centimètres de moi, plonge son regard dans le mien pour y chercher mon consentement.

Et je n'ai qu'une envie, c'est de lui donner.

Cela fait des années que je n'ai pas embrassé un autre homme que Tristan, des années que je n'ai pas goûté d'autres lèvres que les siennes, et là, pour la première fois depuis longtemps, je suis vraiment tentée. J'ai envie d'embrasser Dean. Non, j'ai envie que lui m'embrasse, histoire de faire des arrangements avec ma conscience, de pouvoir me dire que c'est lui qui a initié le mouvement, alors que je sais au fond de moi que je crève d'envie que l'on partage un baiser, voire plus. Si je suis complètement honnête avec moi-même, j'aurais même envie qu'il me prenne sauvagement, là, tout de suite, dans ce salon VIP. Mais ce serait de la folie…

Je suis seule avec Dean dans une demi-obscurité qui rend tout assez irréel. Mon Américain se tient tout contre moi, il pose ses deux mains sur ma taille, me donnant l'impression d'être fragile et précieuse à la fois, et je le laisse faire… Non, je sens que je me tends vers lui, imperceptiblement mais de manière réelle, car j'ai envie de voir jusqu'où cela ira. Je suis en train de jouer avec le feu, mais cela ne me déplaît pas.

Son visage se rapproche du mien, doucement, je devine son sourire grâce aux quelques rayons égarés de la lumière de la salle principale. Nous n'avons même pas pris la peine de fermer la porte. Mais bizarrement, le risque de se faire surprendre ne me donne pas envie de tout arrêter net.

Je lève mon visage pour le regarder dans les yeux, et je suis sûre qu'il peut y lire l'envie qui me dévore. Ses lèvres se déposent sur les miennes. Elles sont humides, contrairement à celles de Tristan qui sont toujours sèches.

Tristan.

Mais qu'est-ce que je fais là à laisser un inconnu m'embrasser alors que c'est un autre que j'aime ? Oui, mais… je ressens un élan de colère contre mon homme. Depuis combien de temps ne m'a-t-il pas regardée avec autant de désir que celui qui me tient en ce moment dans ses bras ? Depuis combien de temps ne m'a-t-il pas montré que j'étais sa femme et pas seulement la mère de sa fille ? Même la dernière fois qu'on a fait l'amour, c'était doux, trop doux, c'était intime, mais ce n'était pas passionné. J'ai envie, j'ai besoin de ressentir des frissons, de me sentir belle et désirée, de sentir mon corps vibrer à nouveau.

Dean se fait plus impérieux, m'invitant avec sa langue à entrouvrir ma bouche pour m'embrasser vraiment. Et c'est seulement au moment où je sens sa langue s'enrouler autour de la mienne que je réalise dans un électrochoc que je ne peux pas franchir ce cap, malgré les frissons qui parcourent mon corps, et me donnent très clairement envie de plus.

– Désolée, balbutié-je en le repoussant. Je ne peux pas.

Dean n'essaie même pas de me retenir, et moi, toujours

en prise à des émotions ambivalentes, je ne sais pas si je lui en suis reconnaissante ou si j'aurais aimé qu'il regrette plus que je me refuse à lui.

– Je suis désolé, s'excuse-t-il. J'avais cru comprendre que vous en aviez envie, vous aussi…

– J'en avais envie.

– Qu'est-ce qui a changé alors ?

– J'ai quelqu'un dans ma vie.

– Vous l'aviez déjà tout à l'heure, cet homme dans votre vie… me dit-il, non pas sur un ton de reproche, mais parce qu'il cherche vraiment à me comprendre.

– Oui, c'est vrai, mais je n'y pensais plus.

– Alors je vais regretter de ne pas avoir réussi à vous le faire oublier, conclut-il avec un petit sourire triste.

J'aurais presque envie de le prendre dans mes bras et de l'embrasser pour le consoler. Pourquoi toutes les pensées que j'ai pour ce mec me mènent dans ses bras ?

– Je suis désolée, m'excusé-je à nouveau.

– Tant pis pour moi… Il a bien de la chance, alors… Bravo encore pour la soirée en tout cas. Je ne retire pas un seul des compliments que je vous ai faits. C'était une soirée fabuleuse.

Je retrouve l'Américain gouailleur et charismatique.

– Merci, balbutié-je, encore sous le choc de mes pulsions contradictoires.

– Si vous changez d'avis, vous avez mon numéro de téléphone. Mais je respecterai votre décision si vous ne voulez finalement pas de moi.

– Je suis désolée… Je crois que je ne sais plus trop où j'en suis et que vous en avez fait les frais.

– Ce n'était pas si désagréable… J'étais ravi que vous vous serviez de moi, juste un peu déçu que vous ne le fassiez pas plus.

Je ne dis rien mais pique un fard.

– Au revoir, alors, chère Hélène, et peut-être à une autre fois, dit-il en quittant le petit salon, me laissant seule avec ma mauvaise conscience.

Mais qu'est-ce qui m'a pris ?

9

Hélène

J'arrive enfin devant chez Christelle, après vingt bonnes minutes de marche sur des jambes flageolantes. Je lui ai envoyé un message hier, lui demandant si je pouvais la voir de toute urgence. Je n'ai pas envie d'en parler à mes amies qui connaissent bien Tristan, car j'aurais trop peur de leur jugement. Même si j'ai fini par dire non, une partie de moi voulait vraiment embrasser le bel Américain, et je pense que c'est surtout de cela que je me sens coupable. Oui, j'ai vraiment voulu embrasser passionnément un autre homme que mon mari. Je sais que Christelle ne me jugera pas, et peut-être qu'elle pourra m'aider à comprendre ce qui m'est arrivé.

Une fois chez elle, je me sens instantanément un peu plus apaisée, redécouvrant avec plaisir son appartement baroque et cosy, avec ses nombreux meubles anciens, ses plaids et ses coussins partout, et le fameux chat de l'écrivain qui rôde comme l'inspiration dans ce joyeux bazar.

– J’ai tellement honte ! confessé-je à mon amie, alors que nous nous installons dans son salon autour d’une tasse de thé.

– Il ne faut pas, d’autant plus que vous n’êtes pas allés bien loin.

– Dans les faits, oui, mais dans ma tête…

– Ce n’est pas exactement la même chose, quand même, non ?

– Oui, non, je ne sais pas… réponds-je, confuse.

– En fait, ce qui te dérange, c’est ce qu’il y a dans ta tête, suggère Christelle.

– Oui, il est bien là, le problème. Je ne pensais pas que je pouvais désirer un autre homme que Tristan.

– À ce que tu m’avais raconté la dernière fois, il ne se passait pas grand-chose avec lui de ce côté-là de toute façon, non ?

– Oui, mais je pensais m’intéresser beaucoup moins au sexe.

– Alors que finalement… poursuit Christelle, laissant sa phrase en suspens pour que je la termine.

– Finalement… j’ai été surprise par la violence de mes pulsions…

– Ta libido n’est pas morte. Tu as encore envie de faire l’amour.

– Oui, murmuré-je. J’ai encore envie, mais…

– Mais quoi ? Quel est le problème ? me demande-t-elle doucement, m’aidant à mettre des mots sur ce qui me tourmente.

– Le problème, en l’occurrence, c’est que ce n’était pas mon mari avec qui j’avais envie de faire l’amour !

– Avec lui, justement, vous en êtes où de ce côté-là ? Si tu ne veux pas me répondre, tu sais que tu n'es pas obligée…

– On fait l'amour de temps en temps, pas très régulièrement. C'est agréable, parce qu'on se connaît, et parce que c'est sympa de se sentir tout proches l'un de l'autre, mais sans plus. Là, avec Dean, j'avais envie qu'il me saute dessus et qu'on fasse l'amour comme des bêtes… Si je peux me permettre, ajouté-je, surprise moi-même par la force de mon propos et des émotions qui me submergent quand je repense à cette scène-là.

– Et c'est ce sentiment-là qui te manque quand tu es avec Tristan, si j'ai bien compris ?

– Oui ! C'est terrible. Je ne le désire plus comme avant… Mais avant Dean, je pensais que c'était parce que la vie étouffait le désir. Or mon désir n'est pas mort, juste celui pour Tristan.

Et dès que ces mots sortent de ma bouche, je me décompose, réalisant la gravité de ce que je viens de dire. Pourtant je continue, autant pour moi-même que pour mon interlocutrice.

– Est-ce que ça veut dire que je n'aime plus Tristan ? Qu'il y a un problème entre nous ?

– C'est à toi de le dire, répond Chris.

Je n'ai pas besoin de réfléchir longtemps à ma réponse, mon cœur me la hurle.

– Oui, je l'aime. Mon week-end en amoureux était loin d'être parfait, et ne s'est absolument pas déroulé comme prévu, mais il m'a montré que je l'aimais encore.

Je me sens complètement perdue, mais un peu rassurée

aussi. Je sais que j'aime encore Tristan, j'en suis certaine.

– Mais si je l'aime encore, pourquoi est-ce que je ne le désire plus ? questionné-je Christelle autant que moi-même.

– Il n'y a pas de réponse universelle à cette question, et pourtant tu es loin d'être seule dans ce cas. C'est le grand paradoxe de la relation amoureuse. L'amour se nourrit d'intimité, d'échange, de confiance alors que le désir a besoin de mystère, de conquêtes, de danger. C'est le grand challenge des relations qui durent !

– Et il y a des solutions à ce problème ?

– Il y a des pistes, des choses à essayer pour jongler entre les deux, oui, mais c'est à chaque couple de trouver la formule magique qui lui convient.

– Eh bien, elle n'est pas facile à inventer… Regarde, on a essayé le week-end en amoureux, mais on en a passé une bonne partie à se faire la tête.

– Ce moment rien que pour vous deux n'a pas réussi à vous rapprocher ? s'étonne-t-elle.

– Non, enfin si, me reprends-je. Au retour, on a fini par faire l'amour. Je veux dire, on en a vraiment eu envie, et c'était bien mieux que ces derniers temps. Mais l'effet a été de courte durée. Quelques jours après, on aurait dit qu'on n'était jamais partis. Rien n'avait changé.

L'ironie de la situation m'apparaît clairement.

– En fait, maintenant, c'est pire ! Bilan des courses, j'ai presque couché avec un autre homme… Ce n'est pas vraiment ce que j'appelle aller mieux.

– C'était un faux pas, mais aussi certainement un premier pas dans la bonne direction.

– Il va falloir m'expliquer en quoi ce serait un plus…

Christelle me regarde avec bienveillance et me répond :

– Tu réalises que tu as des désirs, et que tu veux les partager avec ton mari. C'est plutôt positif, tu ne trouves pas ?

– Je n'avais pas envisagé les choses sous cet angle. Mais j'aime bien cette manière de voir les choses, admets-je.

– Alors, continue dans cette direction. Arrête de te faire des reproches.

– D'ailleurs, à propos de reproche, je me souviens que quand j'ai embrassé Dean, j'en ai terriblement voulu à Tristan.

– Explique-moi, m'encourage Christelle en se redressant légèrement dans son canapé.

– Oui, je lui en voulais de ne pas me faire cet effet-là, de ne pas me regarder comme lui, il était en train de me regarder.

– Et tu lui en veux toujours ?

– Quelque part, oui, je dois avouer… réalisé-je.

Je m'enfonce encore davantage dans le fauteuil moelleux, comme si ce petit cocon pouvait m'apporter un peu de réconfort.

– De quoi exactement ?

– De ne plus me désirer.

– Essaie de laisser cette rancœur de côté… C'est une facette du même miroir. Ne t'en veux pas de ce que tu as fait, ne lui en veux pas de ce que tu penses qu'il ressent. Parce que tu ne sais pas ce qu'il pense vraiment.

– C'est vrai… Mais c'est l'impression qu'il me donne.

– Et c'est une impression. Il n'est pas là avec nous, donc

je ne peux pas lui demander où il en est, mais on dit toujours qu'on peut se changer soi-même, et qu'on ne peut pas changer les autres. Ce que je peux te proposer, c'est de travailler sur toi, pas sur lui. Est-ce que tu en aurais envie ?

– En tout cas, je suis prête à me confronter à ce que je ressens, parce que j'ai vraiment envie que les choses changent, affirmé-je. Alors, si la proposition tient toujours, je veux bien que tu me coaches.

– Évidemment ! me confirme-t-elle avec un sourire. Je vais déjà te passer un peu de lecture, que tu puisses voir ce dont toi, tu as envie et tu as besoin. Ainsi, quand tu en sauras plus sur toi et ton désir, tu pourras le réinsuffler dans ton couple.

– Mais tu penses vraiment qu'on peut forcer le désir ?

– Non, pas du tout, mais je pense qu'on peut faire de l'espace dans sa tête pour lui donner la place de grandir, qu'on peut planter de nouvelles petites graines et ajouter un peu d'engrais, le mettre à la lumière… Après, on ne peut pas le contrôler, en effet.

– Je veux bien que tu me donnes de la lecture dans ce cas. On verra bien si j'arrive à avoir la main verte !

10

Hélène

Allongée auprès de Tristan, je n'arrive pas à fermer l'œil de la nuit. J'écoute son souffle calme et régulier (j'ai de la chance, il n'a jamais ronflé !). Je ne bouge pas pour ne pas le réveiller, mais je bouillonne à l'intérieur. En l'observant dormir, si paisible, à mille lieues de mes questions et de mes tourments, je m'interroge : est-ce que je pourrai un jour le désirer à nouveau comme j'ai désiré Dean ? Je suis contente de ne pas avoir suivi mes pulsions jusqu'au bout, mais je sais au fond de moi que cela fait bien longtemps que je n'avais pas ressenti mon corps avec cette intensité… Je passe doucement mes doigts sur son torse, avant de suspendre mon geste : je ne voudrais pas qu'il ouvre les yeux maintenant. Je suis trop chamboulée pour discuter avec lui.

Je finis enfin par m'endormir un peu, mais c'est à peine quelques instants avant que le réveil ne sonne. Pour une fois que Mathilde faisait une nuit complète, je n'aurai pas réussi à en profiter.

Quand je me lève, Tristan est déjà dans la cuisine en train de faire du café.

– Ça va ? me demande-t-il en déposant un baiser rapide sur mes lèvres.

Des pensées contradictoires m'envahissent d'un coup. Il est si prévenant et si tendre, et c'est pour cela que je l'aime, mais ses petites attentions sont devenues tellement routinières que je les sens vidées de leur intention première, et je lui en veux que ses baisers soient dénués de désir. Il ne m'embrasse que par réflexe, je le sens.

– Hélène, ma chérie, tout va bien ? répète-t-il, inquiet.

Il ne mérite pas ma colère.

– Oui, oui, réponds-je rapidement. J'ai mal dormi, c'est tout.

– Ça doit être le contrecoup de ta soirée événementielle. Tu ne m'as pas vraiment raconté, d'ailleurs. Tout s'est bien passé ?

Décidément, il n'a pas choisi le meilleur jour pour développer son sixième sens.

– Oui, très bien, les invités étaient ravis, le client content, mon boss m'a félicitée.

– C'est génial, ma chérie. Tu dois être fière de toi.

Bof. Je ne suis pas fière de tout ce que j'ai fait cette nuit-là. Mais je veux chasser ces pensées. Maintenant, ce qui compte, c'est ce qui est à reconstruire entre nous.

– Merci en tout cas pour tes compliments, dis-je en m'approchant de lui pour déposer à mon tour un baiser sur ses lèvres.

Surpris, il me sourit en m'interrogeant du regard. Je sens

qu'il hésite à dire quelque chose mais c'est le moment que choisit Mathilde pour se mettre à hurler.

– Décidément… conclut-il.

– J'y vais ! lancé-je avec un clin d'œil.

– Je t'accompagne.

C'est drôle qu'il vienne avec moi. On a pris l'habitude de s'occuper de notre fille souvent chacun notre tour, afin que l'autre puisse avoir un moment pour lui, mais je dois admettre que je suis ravie qu'il me suive.

On passe un samedi matin délicieux tous les trois, juste à être ensemble, à jouer un peu, à se faire des chatouilles. Une bouffée de tendresse m'envahit alors que mon mari prend notre fille dans ses bras. Je les aime si fort.

Je crois que tous les jouets de la chambre de Mathilde y sont passés : de la dînette aux petites voitures en passant par les jouets qui font du bruit quand on appuie dessus… On a même sorti la pâte à modeler dans la cuisine, c'est pour dire. Notre fille est folle de joie, pousse des petits cris, nous fait la cuisine. J'ai même l'impression que Tristan s'amuse autant qu'elle. Il a toujours adoré sa fille, mais quand elle était tout bébé, il ne savait pas toujours comment s'en occuper, comme s'il avait peur de mal faire. On en avait discuté à l'époque, il disait avoir des difficultés à trouver sa place dans notre relation fusionnelle mère-fille. Mais maintenant, c'est bel et bien du passé ! Elle sait le faire sourire, et il fera toujours tout pour la rendre heureuse. Un fou rire de Mathilde interrompt mes pensées tout autant que l'assiette remplie de bouts de pâte à modeler qu'elle me brandit sous le nez.

Après cette matinée joyeusement remplie, nous partons faire les courses, Mathilde fait son tour de manège et nous nous retrouvons seuls Tristan et moi à faire des coucous à notre demoiselle fièrement assise dans une voiture de course étincelante.

Je prends la main de Tristan.

– Je tiens à nous, tu sais ?

– Ouais, je sais, mais t'es bizarre aujourd'hui, me répond-il avec un drôle de sourire. Tu es toute tendre, ça m'étonne… Je n'irais pas jusqu'à dire que je ne te reconnais pas, mais c'était pas trop ton genre ces derniers temps.

Il me caresse la joue.

– C'est vrai, concédé-je. Mais je réalise que c'est important.

– Qu'est-ce qui est important ?

– Toi. Nous.

– Tu me fais presque peur. T'es pas malade ? T'as pas un truc à m'annoncer ? demande-t-il sur le ton de la plaisanterie.

Je sens bien qu'il essaie de cacher son inquiétude.

– Non, non. Je tiens à toi, c'est tout, lui dis-je.

Il me regarde avec un air interrogateur, mais je ne sais pas quoi dire de plus. Alors il dépose un chaste baiser sur ma joue. C'est agréable mais je réalise que ce n'est plus ce dont j'ai envie. Je veux être transportée, je veux avoir envie de faire des folies, je ne veux pas d'un simple bisou ennuyeux… Mais est-ce possible ?

Je ne sais pas comment aborder le sujet avec lui, mais ces pensées ne me quittent plus. Lorsque Tristan profite de la sieste de Mathilde pour faire son jogging, je m'installe confortablement dans le canapé avec les livres que m'a prêtés Christelle. Je commence à les feuilleter, mais plus je jette un coup d'œil à tous ces textes ardus, et moins je me sens bien. Comment trouver la légèreté en réfléchissant à ma relation sexuelle ? Cela me semble tellement antinomique ! Au bout de quelques pages, ma fatigue a raison de mes pensées obsessionnelles, et je finis par m'endormir.

Résultat : le soir venu, je n'arrive pas à trouver le sommeil. Merci la sieste à rallonge de l'après-midi ! Allongée aux côtés de Tristan, je n'arrête pas de gigoter sous la couette, ne trouvant pas de position confortable. Un coup d'œil sur le réveil m'indique qu'il est minuit passé.

– Et si tu venais plutôt dans mes bras ? me suggère Tristan.

Cela fait si longtemps que je ne me suis pas endormie la tête sur son épaule. Je me blottis contre lui et mes pensées contradictoires m'assaillent de nouveau. Je suis si bien avec lui, mais j'étais si près de craquer pour Dean… Bon, il faut que j'arrête de culpabiliser, cela ne sert à rien. Je me colle encore plus contre Tristan. C'est lui que je veux, c'est lui que j'aime. Alors pourquoi je n'arrive pas à lui sauter dessus pour lui faire l'amour ? Pourquoi je n'arrive pas à être avec lui cette femme libérée qui était à deux doigts de connaître un moment de passion avec un inconnu ?

Je n'ai pas encore les réponses à ces questions, mais j'espère bien les trouver.

11

Hélène

C'est avec toutes ces interrogations que je retourne chez Christelle, mais cette fois avec l'intention claire de me faire coacher. Pour marquer le coup, elle ne me reçoit pas dans son salon comme habituellement, mais dans son bureau. Mon regard vagabonde sur les bibliothèques pleines à craquer de romances et de livres de sexologie, puis s'arrête sur les deux fauteuils confortables séparés par une petite table basse où reposent une boîte de mouchoirs en papier, deux verres et une carafe d'eau. Près de la fenêtre, il y a son bureau, recouvert de papiers d'où émerge difficilement un ordinateur portable.

– Excuse-moi pour le désordre, je suis en plein aménagement de cette pièce qui me sert à la fois de lieu d'écriture et de cabinet, le temps que je termine ma formation. Assieds-toi, m'invite-t-elle en désignant l'un des deux fauteuils.

Je m'exécute, un peu impressionnée.

– Mets-toi à l'aise. Si on s'installe ici, c'est justement

pour créer une petite bulle où tu puisses te sentir bien, où tu puisses être toi-même. Les mots que tu diras ne quitteront pas cette pièce !

– Là-dessus, je ne me fais aucun souci, tu as ma confiance aveugle, lui affirmé-je avec un sourire. Mais je ne sais pas si je vais arriver à parler de sexe… Enfin, dans ces conditions-là. On s'est déjà raconté des anecdotes entre copines, mais là, c'est quand même plus intime.

– Ne t'inquiète pas. Ça n'a pas à être très différent de quand on papote autour d'un verre et qu'on se raconte nos histoires, tu sais. Et puis, bien sûr, tu peux trier ce que tu veux me confier ou non. D'ailleurs, c'est valable dans ta relation avec Tristan aussi. Tout ce que tu vas découvrir sur toi, tu peux décider de lui dire, de le partager avec lui, ou de le garder pour toi. Tout est question de choix.

– Mais on commence par où ? Pourquoi j'ai été attirée par Dean ? Est-ce qu'on peut désirer quelqu'un toute une vie ? Est-ce qu'on peut retomber amoureuse de l'homme qu'on a épousé ? Est-ce qu'on peut retrouver la spontanéité des débuts ? Faut-il y travailler ? Mais ce ne serait pas logique…

Christelle écoute avec attention mon flot ininterrompu de questions. Quand enfin, j'ai fini, elle me répond :

– C'est vrai que c'est un vaste sujet ! Mais tu te poses déjà les bonnes questions. Et on va tout faire pour trouver des réponses qui te conviennent, et qui te permettront de raviver la flamme avec Tristan, crois-moi ! Tu sais, c'est parfaitement normal d'avoir des hauts et des bas dans un couple, des moments où l'on s'aime plus, des moments où l'on se désire plus. Et il y a donc des moments où l'on a moins envie de l'autre.

– Oui, c'est sûr. On n'a pas retrouvé la libido qu'on avait avant la naissance de Mathilde.

– Ce qui est assez logique, car elle est devenue votre priorité.

– Mais on peut être mère et amante, non ?

– Bien sûr, mais il n'empêche que la qualité de la relation sexuelle et amoureuse n'est pas toujours une priorité. C'est normal, et ça peut même parfois être une bonne chose.

– Normal, oui… mais une bonne chose ? On en souffre, non ?

– Pas forcément, car le sexe n'est pas toujours une priorité. Et c'est mettre beaucoup de pression sur le couple et sa santé sexuelle que de penser qu'on doit toujours avoir envie, avec la même intensité. Les phases de non-désir sont normales et j'irais même plus loin : elles permettent d'avancer dans d'autres domaines : créer une famille, mais aussi s'épanouir dans son travail… Parfois seulement survivre aux coups durs. C'est de l'énergie qu'on met ailleurs.

– Donc ce que tu me dis, c'est qu'il faut que je la réinsuffle à mon couple ? Ce n'est pas très romantique… Et il faut que je sacrifie une autre dimension de ma vie ?

– C'est moins une histoire de sacrifice qu'une histoire de choix. Si tu veux retrouver une vie sexuelle épanouissante avec ton mari, il va falloir le décider, et agir en conséquence ! Ça ne peut pas venir tout seul. Et je suis d'accord, c'est un grand paradoxe : pour retrouver la spontanéité des premiers temps, il va falloir y travailler… D'ailleurs, comme je te disais l'autre jour, avant de s'intéresser à ton couple, on va s'intéresser à toi.

Je n'ai pas forcément très envie qu'on aille chercher dans ma petite tête ce qui s'y trame, mais je sens bien qu'il va falloir que je me penche dessus si je veux en savoir plus.

– Je ne sais pas si tu as déjà entendu cette expression, reprend Christelle, mais on dit souvent qu'un couple, c'est trois personnes : les deux personnes, et le couple lui-même. Alors on va commencer par le plus simple à atteindre : toi-même.

– C'est parti, alors, acquiescé-je en me remémorant les paroles de Christelle : je ne suis pas obligée de tout dire.

Ma « coach » me sourit.

– Si tu es partante, me propose-t-elle, on va creuser pour savoir quels sont tes envies, tes désirs… Et quand tu te connaîtras mieux, on verra quelques trucs pour communiquer à ce sujet avec Tristan.

Je reste songeuse un moment, prenant le temps de réfléchir à ce qu'elle vient de me dire. De nouvelles questions se forment dans ma tête.

– Tu parles de désir, d'envie… Tu fais quoi comme différence entre tous ces mots ? interrogé-je ma coach. Parce que pour moi, tout ça, ce sont un peu des synonymes…

– Tu as raison, c'est une bonne idée de commencer par être clair sur le vocabulaire, me répond Christelle. C'est important de mettre des mots sur son ressenti, c'est plus facile pour mieux comprendre, et pour mieux communiquer. Alors, voyons…

Je vois qu'elle pèse ses mots pour m'expliquer de son mieux la différence qu'elle voit entre tous ces termes.

– Le désir, reprend-elle, c'est l'énergie sexuelle qui donne envie d'avoir des relations sexuelles… ou plus simplement un orgasme.

– Le plaisir sexuel plus que la recherche d'intimité, alors ?

– C'est ça, acquiesce Chris. C'est quelque chose de très physique. Je ne dirais pas complètement, car on peut être très cérébral et en ce sens, nourrir son désir de pensées. Mais la réalisation du désir est plutôt de l'ordre du corps, et plus précisément du sexe.

– OK… Donc, si j'essaye d'appliquer ça à mon cas, réfléchis-je, je pense qu'en ce moment, j'ai moins de désir pour Tristan. J'ai envie de toucher sa peau, parfois, mais c'est plus la dimension câline que la dimension sexuelle qui me plaît.

– C'est l'impression que j'en ai aussi quand tu en parles. Inversement, on peut ressentir du désir pour quelqu'un que l'on n'aime pas.

Je pense instantanément à Dean.

– Je viens d'en faire l'expérience…

– Oui, on dirait bien… Mais dans la vie, tout n'est pas forcément si simple, le désir et l'amour ne marchent pas forcément main dans la main… Et puis ils ont aussi des liens en partie d'ordre physiologique !

– Comment ça ?

– Après un rapport sexuel, de nouvelles hormones entrent en jeu, dont celle de l'attachement, l'ocytocine. C'est celle qui fait qu'on commence à s'amouracher d'un type avec qui on a couché… Mais c'est aussi celle qui permet de renforcer les liens affectifs.

– Donc le sexe et l'intimité sont quand même liés !

– Tout à fait !

C'est rassurant quelque part, et je me doute bien que ce n'est pas qu'hormonal, même si cela peut expliquer certaines choses… Notamment la tendance que j'avais à fondre pour des hommes avec lesquels je couchais quand j'avais 20 ans… mais je m'égare.

– Et l'envie alors ? reprends-je pour ne pas me plonger dans les souvenirs de mes anciens amants.

– Pour comprendre l'envie, il faut d'abord parler du fantasme, déclare ma coach.

– Euh… je ne suis pas sûre d'avoir envie de dévoiler les miens !

– Rassure-toi, tu n'en as pas besoin. Mais si un jour tu le souhaites, on pourra aborder cette question.

– On verra… dis-je en rigolant. Le fantasme, donc, explique-moi… Pour moi, un fantasme, c'est avoir des envies, des scénarios sexuels particuliers qui éveillent le désir… Je me trompe ?

– Non, tu as raison, c'est cela, et plus encore. Le fantasme est l'expression sexuelle d'un besoin inconscient, le besoin de lâcher prise par exemple. En cela, il n'est pas contrôlable, il n'y a pas à porter de jugement de valeur sur son contenu.

– Donc je peux fantasmer sur des choses qui ne me feraient pas du tout envie dans la vraie vie, mais je peux aussi puiser des idées dans mes fantasmes, c'est ça ?

– Voilà. Et c'est pour cette raison qu'il ne faut pas porter de jugement de valeur sur leur contenu.

Je reste songeuse.

– Finalement, je ne sais pas si j'ai des fantasmes, car je

n'ai pas l'impression d'avoir des envies extraordinaires.

– Les fantasmes ne sont pas forcément impressionnants. C'est juste comme une manière de faire l'amour dont l'évocation seule réveille un fort désir, et qui ne correspond pas à la manière dont on le fait habituellement.

– Ah oui, et le désir alors dans tout ça ? lui demandé-je, un peu perdue sous le flot des informations.

– L'envie, c'est ce que le désir souhaite concrétiser.

Je réalise que je ne sais pas forcément ce dont j'aurais vraiment envie... Et que cela fait bien longtemps que je ne me suis pas posé la question en ces termes-là.

– Ça va ? me demande Chris. Je suis désolée, ça fait beaucoup de choses d'un coup. Mais tu n'as rien à me dire maintenant. Prends le temps de laisser mûrir toutes ces idées en toi, de voir là où elles te mènent. Et n'oublie jamais que tu n'es pas obligée de m'en parler. Ce qui compte, c'est que tu trouves ces réponses pour toi.

– D'accord.

– Et n'oublie pas de rêvasser ! Le but n'est pas de tout réfléchir, mais de se laisser un peu porter par ses rêves. Rappelle-toi, il ne s'agit pas de forcer le désir, il s'agit avant tout de lui laisser la place pour s'épanouir.

***

Le soir même, dans mon bain, je repense à tout ce que j'ai appris aujourd'hui. La chaleur de l'eau me délasse, et je me concentre de moins en moins sur la séance, et de plus en plus sur les images qui s'imposent à moi. Je ferme les yeux pour voir mon film intérieur, où je suis Stella, belle, fière, farouche mais passionnée, folle amoureuse de son Dimitri, mon Tristan, rebelle romantique, expert du corps féminin, musclé et tatoué de partout… Je sens que mon corps s'éveille à s'imaginer leurs baisers, leurs caresses, leurs étreintes, et doucement, je prends le pommeau de douche, ouvre le robinet d'eau et dirige le jet vers mon intimité. Cela fait bien longtemps que je ne me suis pas occupée de moi de cette manière, l'excitation monte, le corps réclame son dû. Dans ma tête, il la prend sauvagement sur son bureau et elle, confiante, abandonnée, se laisse faire, trop heureuse d'être l'objet de toutes ses attentions. Peu de temps après, je tressaille, serre les cuisses, et je jouis. J'ouvre les yeux, je suis seule dans mon bain, à la fois enchantée et un peu vide. Encore la faute des hormones, je l'avais lu quelque part. Mais je me sens différente. J'ai l'impression d'avoir ouvert en moi une porte que je ne connaissais pas. C'est une chose de lire des scènes torrides dans un livre, c'en est une autre de les imaginer en se faisant plaisir ! Je devrais le faire plus souvent…

Quelques heures plus tard, je ne suis pas complètement remise de mon moment solitaire, qui n'a pas rassasié ma faim, mais l'a au contraire réveillée. Je regarde Tristan sans pouvoir m'empêcher de me remémorer ce qu'il m'a fait plus tôt dans la soirée – dans mon imagination en tout cas. Il se doute de quelque chose, car il me demande plusieurs fois :

– Ça va ? Tout va bien ?

– Oui, oui, réponds-je rapidement.

– Je sens bien qu'il y a un truc.

Ce n'est pas son genre d'insister, alors cela me donne l'envie d'en savoir plus.

– Pourquoi ? Qu'est-ce qui te fait dire que j'ai quelque chose en tête ?

– Ton regard, me dit-il en plongeant ses yeux dans les miens. Un peu humide, un peu flou… terriblement sexy.

Mon cœur se met à battre la chamade dans ma poitrine et mon bas-ventre se réveille tout aussi rapidement.

– C'est parce que je crois que j'ai envie de faire l'amour avec toi…

Il me regarde et je n'arrive pas à savoir s'il est étonné, joyeux, songeur… Il s'approche de moi, m'enlace et m'embrasse lentement, amoureusement.

– Viens, me dit-il en me prenant par la main pour m'emmener dans la chambre.

Je le suis jusqu'au lit. Ce soir-là, nous faisons l'amour doucement, mais intensément, comme si nous étions tous les deux fragiles, qu'il ne fallait pas nous casser… C'est très tendre, très intime. Nous finissons blottis dans les bras l'un de l'autre.

– Tristan, j'ai envie qu'on prenne plus de temps pour nous.

Il me caresse doucement le visage, et passe sa main dans mes cheveux. Je sens qu'il a mille questions mais qu'il n'ose pas les poser. Tant mieux, je ne saurais pas quoi répondre.

– OK, dit-il simplement.

Quelques secondes passent avant qu'il ne reprenne la parole.

– Moi aussi, j'en ai envie.

12

Tristan

Je ne sais pas trop ce qui est en train de se passer dans la tête de ma femme, mais je dois dire que je n'ai rien contre. Parfois, elle est perdue dans ses pensées, parfois elle gueule, comme après ce fameux week-end où on était censés se retrouver, et d'autres fois, elle me regarde avec des yeux de chaton amoureux… Mais en tout cas, ça faisait quand même super longtemps qu'elle n'avait pas eu aussi souvent envie de faire l'amour.

Va comprendre…

J'espère juste qu'elle n'est pas en train de se taper un mec à côté. J'avais vu une fois un plateau télé où ils expliquaient que quand une femme a l'air soudainement amoureuse, c'est qu'elle est en train de voir ailleurs. Après les chroniqueurs s'étaient engueulés, il y en avait un qui disait que c'est parce qu'elle a mauvaise conscience, l'autre lui répliquait qu'il n'avait rien compris et que c'était juste que ça avait remis le moteur en marche. Bref, ils disaient des conneries, et moi j'avais zappé.

Mais là maintenant, cette idée me trotte dans la tête, et je me sens con, car ça m'empêche de me réjouir complètement du fait qu'elle ait envie de me sauter dessus. Alors que franchement, j'ai plutôt de la chance d'avoir une nana qui m'aime et me désire encore, non ?

Bon, dans ce genre de cas, il y a quand même un truc super simple à faire pour être fixé : il faut juste en discuter. Je compte bien lui demander ce soir ce qu'il en est.

Mais je ronge mon frein depuis le début de la soirée : je ne vais quand même pas lui en parler devant Mathilde… C'est con, mais j'aurais vraiment l'impression que tout va mieux depuis quelques jours, s'il n'y avait pas cette épée de Damoclès du pourquoi au-dessus de ma tête. Moi-même, je me sens encore plus amoureux. Oui, c'est sûr, le fait qu'il se passe de nouveau enfin quelque chose sous la couette y est carrément pour quelque chose… mais bon, je sens bien que c'est fragile, tout ça, alors j'espère que ça va durer… En tout cas, je vais tout faire pour que l'on continue sur cette lancée.

Bref, j'attends qu'on ait couché Mathilde – enfin, c'est moi qui m'en suis occupé : en ce moment elle est en pleine phase « relis-moi vingt fois la même histoire, je ne m'en lasse pas ». Bon, en fait j'adore quand elle me regarde avec ses grands yeux et qu'elle me dit de lire encore et encore. Même si, après avoir répété en boucle le même récit, mon adoration se teinte quand même un peu d'ennui ! Je finis par réussir à mettre la dévoreuse d'histoires au lit, et je m'installe dans le salon pendant qu'Hélène va lui faire à son tour un bisou.

Quand elle revient, elle m'interroge :

– Tu n'as pas allumé la télé ?

Eh non, ce soir, on ne va pas allumer la télé.

– Non, lui réponds-je. J'ai envie de discuter avec toi.

– Ah.

Elle a l'air surprise et un peu gênée, mais je ne vais pas commencer à projeter mes peurs sur les expressions de son visage. Alors j'y vais franco… ou pas.

– Il y a quelque chose qui a changé entre nous… commencé-je alors qu'elle s'assied à côté de moi sur le canapé.

– C'est vrai, me dit-elle d'une petite voix.

– J'ai l'impression que tu as plus…

Je voudrais dire « envie de moi », mais je ne sais pas si c'est exactement ça, alors je tâte le terrain.

– … envie de te rapprocher de moi…

Elle acquiesce d'un hochement de tête, alors je m'enhardis.

– Physiquement aussi, je veux dire.

– Oui… mais je ne veux pas aller trop vite non plus…

– Trop vite ? Je te comprends pas… On a déjà fait un gosse, quand même !

Je lis dans ses yeux que ce n'était pas du tout la chose à dire…

– Enfin, je veux dire, ce n'est pas notre première fois, me rattrapé-je.

– Non, reprend-elle avec le regard radouci, mais il s'est passé tellement de temps où l'on était un peu… éloignés de ce côté-là que j'ai l'impression de redécouvrir la chose… Je ne veux pas aller trop vite, j'ai envie de laisser le désir renaître.

– Renaître ? Tu n'en as plus ? Mais hier soir, pourtant…

– Hier soir, j'avais envie.

– Envie de moi ? Ou envie tout court ?

Elle me regarde avec des yeux ronds.

– Pardon ?

– Tu es tellement différente, je me demandais… Tu as un amant ?

Ça y est, j'ai osé lui demander. Sa réponse fuse :

– Non, bien sûr que non.

Heureusement, elle a l'air sincère.

– Hier, j'avais envie de toi, reprend-elle. Et j'ai envie d'avoir envie de toi. C'est compliqué, je sais.

Je n'y comprends pas grand-chose, mais bon, au moins, elle a l'envie d'avoir envie… Et elle n'a pas mis un autre mec dans son lit, ou dans son cœur. Donc je peux faire avec.

– Bah, ça me va, du moment que tu as envie de venir vers moi. Moi j'ai envie de venir vers toi aussi… Et je veux bien une deuxième première fois avec toi.

Elle plonge ses yeux dans les miens, j'y vois une petite flamme sexy que j'adore. Alors je continue.

– Tu t'en souviens, au moins, de notre première fois ? lui demandé-je.

– Bien sûr ! dit-elle vivement, presque outrée par ma question.

– Alors, raconte-moi.

Elle a l'air un peu gênée, mais coquine aussi. C'est fou l'effet qu'elle me fait quand elle est comme ça !

– C'était en vacances à l'île de Ré. On était encore étudiants, et on avait cassé la tirelire pour passer une nuit à l'hôtel, loin des copains qui étaient au camping.

Tandis qu'elle me raconte notre histoire, je m'approche un peu plus d'elle sur le canapé.

– Tu m'avais déshabillée lentement, poursuit-elle d'une voix rauque, en me disant comme j'étais belle.

– Je m'en souviens. Tu es toujours aussi magnifique.

Elle détourne le regard. Je la trouble et ça m'excite.

– À chaque fois que tu dénudais une partie de mon corps, tu l'embrassais en disant « j'aime tes bras », « j'aime tes épaules »…

– J'aime tes seins… Oui, j'aime toujours tes seins, ajouté-je, le souffle un peu plus court, en en profitant pour jeter un œil dans son décolleté.

Elle surprend mon regard et ses joues se teintent de rose.

– Et je t'avais fait jouir ?

– Non, pas cette fois, me confesse-t-elle. J'étais intimidée, et tu ne me connaissais pas encore si bien… et je ne me connaissais pas encore non plus, d'ailleurs, ajoute-t-elle, songeuse.

Je n'en reviens pas qu'on parle de sexe aussi crûment. Ou même qu'on parle de sexe tout court, d'ailleurs. Ça a un côté… libérateur.

– Quand est-ce que je t'ai fait jouir la première fois alors ?

Elle ne réfléchit pas longtemps avant de me répondre.

– C'était au cinéma. Avec tes doigts, tu avais glissé ta main dans ma culotte et tu t'étais occupé de moi.

– Ah oui, cette fois-là.

Je n'avais pas du tout réalisé. Comme quoi, on en apprend tous les jours, et surtout, ça vaut la peine de demander.

– Et toi ? me demande-t-elle.

– Moi quoi ?

– La première fois que tu as vraiment ressenti beaucoup de plaisir avec moi ?

– Bah, à chaque fois… Quand j'éjacule, c'est que j'ai un orgasme, enfin quasiment à chaque fois… Mais ma première fois préférée, c'est quand on l'a fait sous la douche.

– Ah bon ?

– Oui, c'était coquin, c'était câlin, je ne m'attendais pas à ce que tu m'y invites, et tu avais tellement envie… Avec toute cette eau qui ruisselait, ton corps nu, j'étais super, super excité.

Et d'ailleurs je le suis maintenant. Je ne sais pas si sa culotte est aussi mouillée que mon sexe est dur, mais tout ça m'a donné envie… Pourtant, Hélène m'a demandé de ne pas la brusquer, alors je ne vais pas casser l'ambiance.

– Et depuis quand alors tu as moins envie de moi ? continué-je, même si je redoute un peu de connaître la réponse.

Elle a presque l'air un peu triste.

– Depuis la naissance de Mathilde, je pense. J'aime toujours faire l'amour avec toi, mais je ne sais pas, ce n'est pas comme avant. Enfin, il y avait déjà eu des phases où j'avais moins envie.

Je réfléchis.

– Comme au moment des examens, c'est ça ?

– Oui, acquiesce-t-elle. Et toi, tu as déjà eu moins envie de moi ?

– Euh…

C'est le moment où il faut être honnête.

– Oui. À la fin de ta grossesse, par exemple. Mais tu n'avais pas trop envie non plus, donc ça ne s'est pas trop vu.

Il y a un long silence entre nous.

– Mais maintenant, je recommence à avoir envie. Enfin je ne sais pas trop, mais j'ai envie d'avoir envie de toi, me redit-elle.

Je sens que c'est le bon moment.

– Ça tombe bien… Tu sais, j'aime toujours ton visage, tes cheveux, dis-je en replaçant une mèche de cheveux derrière son oreille.

J'entends son souffle se raccourcir, et la petite flamme dans ses yeux se rallume, alors je poursuis.

– J'aime ton cou, ta nuque.

Je la parcours de baisers, et quelques minutes plus tard, je la déshabille sur le canapé. Pour la première fois depuis trois ans qu'on habite là, on fait l'amour dans le salon. Je l'entends jouir et je dois admettre que je suis fier d'avoir réussi à lui faire atteindre l'orgasme.

– Je t'aime, me chuchote-t-elle.

– Je t'aime aussi… En plus, on n'est même pas samedi.

Fâchée, elle me repousse d'une main avant de se cacher derrière un coussin. Ma blague est complètement tombée à plat.

– Désolé. Je voulais juste dire que j'étais content qu'on fasse l'amour comme ça, dans le salon pour la première fois, en plein milieu de la semaine. Moi aussi, j'aime bien qu'on se refasse des premières fois.

Elle se radoucit et laisse tomber le coussin. Je pose ma tête entre ses seins et elle me caresse le visage. Je me serais bien endormi là, mais j'ai encore des trucs à lui dire.

– J'ai été un peu con, l'autre fois, pour le week-end. Je n'avais pas compris. Mais c'était une bonne idée.

– Tu trouves vraiment ?

– Oui, on a besoin de temps pour nous.

Je me tourne vers elle. Putain, ça faisait longtemps qu'elle ne m'avait pas regardé avec ces yeux-là, et que ça fait du bien !

– Je referais bien un essai, proposé-je. Qu'on parte tous les deux. Le projet avance bien, je suis sûr que je pourrais laisser Mika bosser quelques jours seul dessus. Tu penses que ton boss te laisserait te mettre au vert ?

– Je ne sais pas… Mais je vais lui en parler. Je suis contente que tu me le demandes.

– J'aurais dû le faire bien plus tôt, ajouté-je pour la forme, parce qu'il y a quelques jours, voire quelques heures, je n'y aurais jamais pensé.

Je repose ma tête sur sa poitrine. Qu'est-ce que j'aimerais bien m'endormir ici !

13

Hélène

Mes pieds n'ont pas touché terre depuis la nuit dernière. Mon cœur non plus, il s'est envolé avec. Tristan était tellement… différent ! Je ne l'ai pas reconnu. Plus compréhensif, plus bavard aussi. D'habitude, il faut lui tirer les vers du nez. Mais là, il avait clairement envie de discuter. Puis je me souviens de sa question : « Est-ce que tu as un amant ? », et de mon demi-mensonge, de ma vérité incomplète. Qu'aurais-je dû lui répondre ? « Non, mais j'ai bien failli » ? « Non, mais je ne suis même pas sûre que je ne finirai pas par craquer si je le recroisais » ? Je ne me comprends pas moi-même. J'ai beau être en train de retrouver mon Tristan, j'ai encore les jambes qui flageolent quand je pense à mon Américain si sexy…

J'ai beau être seule, je secoue la tête pour ne plus y penser. Je préfère me remémorer la nuit d'hier. Dire qu'on a fait l'amour sur le canapé, alors que la petite dormait à côté ! Je n'y ai même pas pensé sur le moment, juste à la fin, quand on a failli s'endormir dans les bras l'un de l'autre comme quand on avait 20 ans.

Quand j'arrive à mon bureau, une grosse partie de mon esprit est encore sur le canapé du salon.

– Dis-moi, tu en fais une drôle de tête ! s'amuse Anaïs. On dirait que tu n'as pas beaucoup dormi... Tu as fait de beaux rêves ?

Je lui adresse un petit sourire en coin en guise de réponse. Je ne vais quand même pas lui dire que j'ai passé une super soirée avec mon mari à étrenner le canapé...

– Tu n'es pas obligée de me raconter de qui tu as rêvé, reprend-elle, c'est facile à deviner.

– Pardon ?

Ça se voit tant que ça que je revois le film de mes ébats en boucle ? Ou alors elle a découvert un moyen révolutionnaire pour lire dans les pensées ?

– Ne t'inquiète pas, ton secret est bien gardé avec moi. Mais si tu le revois, tu me racontes, hein ?

Je n'y comprends plus rien. De quoi parle-t-elle ? Ou de qui, plutôt ?

Puis je repasse les événements de ces derniers jours dans ma tête avant de blêmir. Dean ? Anaïs est au courant pour Dean ? Pourtant, elle ne nous a pas surpris, elle m'en aurait parlé dès le lendemain de la soirée.

– Mais qu'est-ce que tu t'imagines ?

– Ouvre les yeux, voyons !

Et là je vois. Sur mon bureau, un énorme bouquet de roses rouges. Décidément, je suis couverte de fleurs en ce moment ! Je m'en approche le cœur battant, et j'ouvre la petite enveloppe qui y est agrafée.

Anaïs avait vu juste. C'est bien un mot de l'Américain.

Chère Hélène,
Merci pour cette belle soirée. Vous avez réussi à comprendre et à transmettre l'esprit de nos produits !
Avec toute mon affection et ma considération,
Dean

Ouf, la carte est très professionnelle. J'en suis presque un peu déçue, mais c'est une bonne chose. Au moins, je n'ai pas à rougir et on dirait qu'il n'a pas mal pris mon refus de dernière minute. Je tends la carte à Anaïs pour me dédouaner, mais je ne peux pas me leurrer, j'ai quand même toujours mauvaise conscience, pas de ce que j'ai fait, mais de ce que j'ai ressenti.

– Qu'est-ce que tu imagines, Anaïs, c'est Dean qui nous remercie pour notre travail.

– Rectificatif : c'est Dean qui te félicite pour TON travail. Moi, je n'ai pas reçu de roses rouges avec de l'affection et de la considération…

– Tu surinterprètes, là, quand même.

– Bon, c'est vrai, dit-elle en soupirant. Mais j'aimais bien l'idée, je la trouvais romantique.

– Euh, tu te rappelles que j'ai un mari quand même ?

– Oui, mais tu n'avais pas l'air de t'y intéresser beaucoup ces derniers temps.

Aoutch. Touchée.

– On a en effet eu un moment… pas forcément difficile… mais où l'on s'est éloignés. Pas étonnant, entre Mathilde et le travail, et là, justement, on est en train de se retrouver.

– Mais c'est génial ! J'espère que mon couple marchera de cette manière-là aussi, comme des montagnes russes, avec plein de hauts pour succéder aux bas !

Franchement, je n'ai jamais pensé mon idéal de couple en ces termes-là, mais s'il y a bien quelque chose que je commence à comprendre, c'est que chacun a le sien ! Eh oui, c'est normal de ne pas avoir que des hauts.

– Pour reprendre ton image, justement, avec Tristan, nous sommes en train de reprendre la pente ascendante.

– D'où ta tête de ce matin.

– D'où ma tête de ce matin, oui…

Mais je ne veux pas épiloguer à ce sujet, alors j'enchaîne.

– Et justement, je voulais peut-être demander quelques jours de congé.

– C'est vrai que ça serait le bon moment, comme on est tous un peu en phase de stand-by avant le prochain événement ! T'as qu'à écrire un mail à la big boss pour lui demander. Elle est en déplacement mais elle rentre demain, je crois.

– Bonne idée.

Je m'attelle tout de suite à la tâche, en essayant de ne pas me laisser troubler par le bouquet de Dean… Ce sont des roses rouges, tout de même… Je ne devrais pas, mais je suis touchée. Heureusement qu'il est reparti pour les États-Unis et que nous n'allons pas nous revoir… Je ne sais pas si je saurais refuser chaque nouvelle tentation.

Et en parlant de tentation… Je reçois un mail de Dean en milieu d'après-midi, alors que j'avais à peine réussi à le chasser de mes pensées.

Chère Hélène,
Avez-vous reçu mes fleurs ? J'espère qu'elles vous ont plu !
D.

J'aurais dû lui envoyer tout de suite un message pour lui dire merci d'un ton suffisamment distant et professionnel pour qu'il comprenne tout de suite… Mais il est vrai que je suis tiraillée et que je n'ai toujours pas complètement envie de le repousser. Après tout, c'est grâce à lui que j'ai réalisé que mon désir n'était pas mort et que j'avais encore un corps…

Mais il faut que je lui dise non, ne serait-ce que pour le principe, comme il est de toute façon à des milliers de kilomètres… Je dois décider que je veux faire autre chose de cette envie qui me dévore.

La mort dans l'âme, avec l'impression de sacrifier quelque chose sur l'autel de mon amour, je réponds à Dean. J'aimerais lui dire merci pour ce qu'il m'a fait ressentir, mais je ne sais pas comment il le prendrait, car je ne voudrais pas qu'il pense que c'est une invitation cachée. Non, il faut que je réussisse à être plus claire dans mes mots que je ne le suis dans ma tête, dans mon cœur, ou plutôt entre mes jambes…

Cher Dean,
Merci pour ce superbe bouquet. Toute l'agence est ravie de savoir que notre prestation vous a plu.
Bien à vous,
Hélène

Ce n'est absolument pas ce que je voudrais lui dire, mais c'est mieux ainsi… J'envoie le mail, et je ne reçois plus de message de sa part de la journée. Ma réponse très pro a eu l'effet escompté… Pourtant, j'ai dans la bouche un arrière-goût amer, celui des désirs qui n'ont pas été assouvis.

***

Le soir même, dans mon bain, je ne peux empêcher mes pensées de dériver jusqu'à Dean et à cette fameuse soirée. Dans la vraie vie, j'ai réussi à le repousser, mais là, dans la moiteur de mon bain, je peux bien m'accorder de repenser à lui, non ? Le pommeau de douche à la main, le flot dirigé entre mes cuisses, je me remémore ses lèvres et imagine qu'il est en train de m'embrasser, puis qu'il descend lentement, couvrant mes seins et mon ventre de baisers humides avant de venir me lécher… Je gémis doucement à cette pensée, essayant de faire taire la gêne qui s'empare de moi. Comment est-ce que je peux me sentir aussi coupable et satisfaite à la fois ?

14

Hélène

Quelques jours plus tard, je me retrouve à nouveau assise sur le confortable fauteuil du bureau de Christelle, prête à débuter une nouvelle séance de coaching.

– Comment vas-tu depuis la dernière fois ? me demande-t-elle, après que nous avons évoqué sa romance en cours, sa nouvelle robe – Naf Naf, j'adore ! – et la mauvaise humeur de son chat.

– Plutôt bien, très bien même. J'ai l'impression que plein de choses ont déjà commencé à changer, c'est euphorisant ! Je me suis déjà rapprochée de Tristan, on est plus proches que l'on ne l'a été ces dernières années.

Je ne lui dis pas que Dean me fait encore de l'effet : j'ai décidé de couper les ponts, et je veux maintenant me focaliser sur mon couple, alors pas besoin de l'embêter avec ça ! Et puis, ce que je dis est vrai, j'ai retrouvé une complicité avec mon mari.

– C'est parce que vous avez décidé de vous occuper de

votre couple, renchérit Christelle. C'est bien. Donc tout va pour le mieux ?

– Presque…

Finalement, c'est idiot si je ne lui dis pas tout. Je viens la voir pour qu'elle m'aide, et je sais qu'elle ne va pas me juger.

– Raconte-moi, enfin si tu le souhaites, m'invite-t-elle doucement.

Allez, je me lance…

– Je me surprends à avoir encore le cœur qui bat en pensant à Dean, lui avoué-je sans vraiment oser la regarder dans les yeux, embarrassée malgré tout. Je sais que je n'ai pas vraiment envie de lui, mais j'ai envie de retrouver la sensation qu'il a éveillée en moi. Alors j'ai mauvaise conscience, et je me demande si avec Tristan, on pourra retrouver cette intensité-là.

– Tu penses qu'elle est due à quoi alors, cette intensité, si elle n'est pas liée à Dean lui-même ?

– Je ne sais pas. L'inconnu, la nouveauté, l'interdit… la spontanéité aussi… tout ce que je n'ai plus avec Tristan.

– Et qu'est-ce que tu as avec Tristan ?

– L'intimité, la proximité… C'est très bien aussi… Mais ce ne sont pas les mêmes papillons dans le ventre.

– Qu'est-ce qui te manque le plus ?

– La spontanéité, je pense.

Puis je repense à la dernière fois où l'on a fait l'amour, et j'ai l'impression de lui faire un mauvais procès. Tristan était spontané, mais ce n'était pas non plus comme dans les premiers temps de notre relation… Mais c'était une première fois quand même, car depuis Mathilde, on n'avait pas craqué comme ça l'un pour l'autre… Ah là là, je me sens perdue.

– Je vois que tu as plein de pensées qui s'agitent dans ta tête, me dit Christelle. Est-ce que tu veux m'en dévoiler certaines d'entre elles ?

– Le problème, ce n'est pas exactement quand on fait l'amour, car dans ces moments-là, ça va plutôt bien, dis-je déroulant le fil de ma réflexion à haute voix. Ce sont les autres moments qui sont problématiques. Par exemple, quand il n'est pas là et que je pense à lui, je n'ai pas le cœur qui bat plus vite, alors que c'est lui que j'aime. Et quand on est ensemble, le plus souvent, il n'y a pas d'étincelles entre nous, comme si on ne se faisait plus aucun effet. Mais bon, je rêve un peu. Comme tu le disais, on ne peut pas toujours être amoureux et se désirer comme au premier jour… C'est idiot, non ?

– C'est loin d'être idiot, car tu as mis exactement le doigt sur le point important. Le désir ne se construit pas seulement au moment du rapport sexuel, et je dirais même qu'au contraire, il se construit en dehors, affirme ma coach.

– Comment ça ?

– Cette spontanéité dont tu parles, c'est de passer en un instant du mode veille en mode désir sexuel. Et en effet, quand on connaît quelqu'un depuis longtemps, il ne suffit pas de le revoir pour appuyer sur le bouton.

– Alors qu'est-ce qu'on peut faire ?

– Trois choses : érotiser le quotidien, apprendre à se languir, préparer l'inattendu.

– Il va falloir que tu m'expliques plus, lui demandé-je,

perplexe. Ça m'a l'air d'être tout un programme ! On est loin de la spontanéité, quand même…

– En effet, admet Christelle. Mais c'est un des nombreux paradoxes des amours qui durent : il va s'agir de travailler à être spontané.

– Ah oui, pour le coup, c'est paradoxal. Mais pourquoi pas… Je veux bien essayer. Après tout, je n'ai rien à perdre et tout à y gagner. Alors vas-y, explique-moi. C'était quoi le premier point déjà ?

Face à mon enthousiasme, Christelle m'adresse un sourire complice avant de reprendre ses explications.

– Alors, premier point : érotiser le quotidien. En gros, cela veut dire de penser au sexe à d'autres moments que quand on fait l'amour. D'insuffler dans la vie de tous les jours des rapports de séduction.

– Je vois la théorie, mais concrètement ?

– Concrètement, je ne sais pas, car il faut que tu trouves tes réponses : quand est-ce que tu te sens plus désirable, plus désirante aussi ? Comment as-tu envie de faire monter le désir sans aller jusqu'au bout ?

– Je ne vois toujours pas. Tu aurais des exemples ?

– Porter des sous-vêtements dans lesquels tu te trouves sexy, ou au contraire ne pas en mettre, cela peut être des frôlements et des caresses inhabituelles, une main qui s'éternise, des petits messages coquins, des Post-it sur le frigidaire… C'est ton regard qui compte, davantage que celui de l'autre, c'est la manière dont tu te sens quand tu fais ces choses qui compte. Si tu te sens désirable, il te sentira désirable.

– Et la suite alors, apprendre à se languir ? C'est un peu vieillot comme expression, non ?

– Tout à fait. Se languir… J'aime bien ce mot. Il est un peu coquin… Il rime avec désir, on entend « langue » et on pense à tous les plaisirs qu'elle peut procurer.

Je sens le rouge qui me monte aux joues. Dis donc, elle est directe !

– Et alors, se languir, pourquoi ? relancé-je en essayant de masquer ma gêne face aux images qui m'assaillent.

– Souvent, quand on est en couple depuis longtemps, on a ce qu'on appelle du sexe « planifié ». On ne fait l'amour que de manière programmée. La date est connue d'avance, mais aussi la manière de le faire.

– Là, je comprends. C'est comme faire l'amour tous les samedis parce que c'est le jour où l'on est le plus en forme.

– Exactement, renchérit Christelle.

– Et donc ? lui demandé-je.

– Le but est de passer du sexe planifié au sexe désiré.

– Faire l'amour un autre jour alors ?

– Peut-être, mais c'est surtout une histoire d'état d'esprit. Pour continuer sur cet exemple, ce serait ne pas attendre le samedi parce qu'il le faut, mais attendre en laissant le désir monter un peu plus. Quitte à, finalement, le faire le vendredi.

– Je comprends la théorie, mais en pratique, je ne vois pas comment on peut changer d'état d'esprit en claquant des doigts.

– Cela ne va pas aussi vite, mais je vais faire une comparaison pour essayer de te faire ressentir la différence entre planifié et désiré… Imagine que tu as un amant.

Évidemment, le visage de Dean s'impose à moi tandis que

Christelle continue son explication.

– Tu passerais tous les moments sans lui à te languir de lui et à attendre le moment où enfin, vous pourriez vous retrouver.

– Cela me paraît logique. En tout cas, c'est ainsi que ça marche dans les livres et dans les films.

– Donc, tu vois, le fait de savoir quand vous pourrez faire l'amour ne tue pas le désir. Au contraire, c'est comme une lumière au bout du tunnel qui permet de tenir pendant la semaine.

– Je comprends mieux, commenté-je. C'est moins une histoire de spontanéité que d'attitude générale. Mais je ne vois toujours pas comment y arriver.

– C'est là où les choses deviennent en effet plus compliquées, admet Christelle.

– Bon, après tout, un challenge de plus ou de moins… ! Et le dernier point, alors, c'était quoi déjà ?

– Prévoir l'inattendu, c'est pour dire qu'il faut partir du principe qu'on ne fera pas toujours l'amour de la même manière. Dans ce domaine, on peut d'ailleurs retrouver toute spontanéité et se laisser porter par l'envie du moment !

– Tu parles de toutes les positions possibles ? Des endroits, des situations, tout ça ?

– Pas seulement. Un rapport sexuel, ce n'est pas forcément un rapport avec pénétration par un pénis qui se termine au moment de l'éjaculation. Il peut y avoir plein de manières de faire l'amour, ou de se donner du plaisir. Il y a plein de choses à explorer de ce côté-là aussi.

– Vaste programme ! constaté-je. Ça me ferait presque mal à la tête… Il n'y aurait pas moyen de faire plus simple…

Car finalement, c'est ce qu'on veut retrouver: du désir, de la simplicité…

– Il ne faut pas confondre l'objectif et le chemin, affirme Christelle.

– Tu parles comme un grand sage, dis-je en éclatant de rire.

– Oui, je réalise bien que ça fait beaucoup de théorie à ingurgiter, mais je vais surtout te demander de faire un peu de pratique !

– Comment ça ?

– Je vais te donner des « devoirs » : il va falloir que tu trouves des choses qui te conviennent et que tu as envie de faire avec Tristan. D'ailleurs, à ce sujet, j'ai quelque chose pour toi.

Elle se lève et va chercher une petite boîte violette.

– C'est une boîte à secrets. Dedans, il y a des enveloppes, et… eh bien, c'est à toi de découvrir ce qui se cache à l'intérieur ! ajoute-t-elle avec un sourire malicieux. Le mieux, ce serait que vous l'ouvriez tous les deux et en discutiez ensemble. Mais si tu le préfères, tu peux évidemment regarder son contenu d'abord.

Je ne sais pas encore si je vais ouvrir les enveloppes avant de les montrer à Tristan, mais j'ai bien envie de voir ce qui se cache dans cette boîte. En revanche, je ne me vois pas lui raconter comment je l'ai eue. Je pense que je vais garder certaines informations pour moi. Comme le dit ma coach, je ne suis pas obligée de tout dire…

– Merci, Christelle.

– De rien, Hélène, j'espère qu'elle te sera utile !

Je l'espère aussi… !

15

Tristan

Bon, je me suis peut-être un peu avancé… Maintenant, il faut que je voie comment je gère avec Mika. Mais si je lui dis que c'est pour les beaux yeux d'Hélène, avec le discours qu'il m'a servi la dernière fois, il ne pourra pas dire non.

Je lui ai envoyé un texto pour qu'on se prenne un café avant d'aller bosser. Un petit noir sur le zinc, comme quand on était étudiants.

– Alors, qu'est-ce que tu voulais me dire ? commence de but en blanc Mickaël avec un petit sourire.

– J'aurais besoin de prendre quelques jours. Je me demandais si tu pouvais passer dans la boîte pour vérifier l'installation du logiciel et la formation.

– Tu veux que je prenne ta partie en charge ?

– Ouais, mais juste pour que je puisse partir en week-end prolongé. Et je te rémunérerai, évidemment.

– Pas de souci. Ça ne devrait pas me donner tellement de taf en plus. En revanche, je suis curieux. Qu'est-ce qui se passe ?

– C'est pour qu'on ait du temps ensemble avec Hélène.

– Il y a de l'eau dans le gaz ? me demande-t-il.

– Non, en fait, c'est presque le contraire. On dirait qu'elle est en train de retomber amoureuse de moi et je serais trop con si je n'en profitais pas pour surfer sur la vague.

– Toi, tu me connais, tu sais bien que je ne peux pas te dire non si c'est pour que mon couple préféré se retrouve !

– Merci.

– Pas de quoi. Mais il va falloir que tu m'en racontes un peu plus. Alors, ça y est, vous avez recommencé à vous amuser un peu ?

– Ouais. C'est marrant que tu dises ça, car c'est un peu le problème en fait. Je ne comprends pas tout ce qui se passe dans sa tête, mais elle a plein d'envies nouvelles. Je sais pas trop d'où ça lui vient…

– En tout cas, les femmes assument leurs envies maintenant, et ça change tout ! C'est bien pour elles, et c'est bien pour nous, ça nous permet d'en apprendre plus sur ce qui leur plaît vraiment. Tiens, par exemple, je suis sorti quelque temps avec une fille très sympa, on a vite craqué l'un pour l'autre, on a fait l'amour, et là, elle m'a dit, gentiment mais clairement, que c'était bien mais pas top. Que ce n'est pas parce que moi, j'avais pris mon pied qu'on allait s'arrêter en si bon chemin. Et puis elle m'a confié deux trois secrets…

– Ah ouais ? Faut que tu me racontes.

– En effet, ça pourra t'être utile… s'amuse Mickaël. En fait, s'il n'y avait qu'un mot à retenir, ce serait… clitoris.

J'avoue, je suis un peu déçu. Le clito, ce n'est pas nouveau.

– Je te vois un peu dubitatif, là, reprend Mika.

– Je suis pas né de la dernière pluie, c'est bon, le petit bouton, je le connais.

– Mais c'est bien là, le truc. Le petit bouton, c'est que la partie émergée de l'iceberg. Mais c'est vachement plus grand en fait. Et le fameux point G qu'on a cherché pendant des années ? Bah, il n'existe pas ! C'est juste une partie du clitoris qui est excité indirectement.

– *What* ? Tous ces efforts pour rien ?

– Bah non, pas pour rien, mais c'est surtout que c'est plus facile quand on comprend comment ça marche. Tu vois, on pensait qu'il n'y avait que deux boutons sur le tableau d'affichage, le point G et le bout du clito qu'on voit, mais en fait, c'est comme si on était devant la table de pilotage d'un Boeing. C'est plus complexe, mais si on s'applique bien, on arrivera à le faire décoller.

– Je vois bien la théorie, mais bon, dans la pratique, je fais quoi ?

– Dans la pratique, t'expérimentes.

– Pas comme avec un avion alors. Parce que dans ce cas, c'est le crash assuré, lui fais-je remarquer.

Mickaël éclate de rire.

– Non, c'est clair, la comparaison a ses limites. Attends, je vais te montrer.

Il dégaine son téléphone et me sort un dessin de clitoris.

– Voilà la bête, m'explique-t-il. Donc, premier point : tu vois comme c'est grand ? Et c'est un organe que l'on pourrait envier aux filles : t'imagines ça, il ne sert à rien d'autre qu'au plaisir. Franchement, ça serait trop con de ne pas s'en servir.

– Alors je m'en occupe comment, de la bête ?

– Bah déjà, tu t'en occupes. En fait, quasi toutes les filles sont clitoridiennes.

– Tu crois vraiment ? Parce que c'est pas forcément l'impression que j'en ai eue.

– Je sais bien, j'y croyais pas trop au début non plus. Mais entre celles qui simulent, celles qui ne connaissent pas leur corps – mais comment d'ailleurs, vu qu'avant, on n'en parlait même pas – et puis toutes celles que je connais pas ou que je comprends pas… Bref, toutes les études récentes ont tendance à le dire… Et ma modeste expérience tendrait à confirmer cette théorie…

– OK. De toute façon, je serais con de pas essayer.

– Exactement. Donc dans l'idée, premier point, tu n'oublies pas de t'en occuper. Après, tu t'en occupes en stimulant différents points en même temps… Un doigt dedans, un autre dehors par exemple, si tu vois ce que je veux dire…

– Ouais, je visualise. Bordel, Mika, j'ai l'impression d'avoir 16 ans à nouveau et de devoir tout apprendre ! juré-je, m'attirant les regards courroucés des gens assis à la table voisine.

J'en avais oublié qu'on est dans un lieu public, et je reprends en chuchotant.

– Mais je fais quoi avec mon doigt ?

– Bah ça, tu vois avec elle.

– Comment ça ?

– Tu lui demandes ! Y en a qui préfèrent qu'on leur caresse de bas en haut, d'autres qu'on fasse des ronds. Après, en général, vaut mieux y aller doucement quand même. On peut titiller autour aussi, à côté, enserrer le bouton entre deux doigts…

Essaie, et vois si ça lui plaît. Mieux, tu lui demandes cash. Comme ça, elle est tout entière sur ce qu'elle ressent, et toi tu écris son mode d'emploi en fonction de ce qu'elle te dit.

– Ça marche, je crois que j'ai compris.

Mika rigole à nouveau.

– Il n'y a qu'Hélène qui pourra te dire si c'est en effet le cas !

C'est sûr… ! La théorie, c'est bien beau, la pratique, c'est mieux. Il va falloir que je me lance, que je plonge dans le grand bain…

***

Le soir même, je profite qu'Hélène et moi nous retrouvons seuls tous les deux pour surfer sur la vague.

– J'ai vu Mickaël ce matin, c'est bon pour lui. Donc dès que tu as le feu vert, on peut partir.

– De mon côté, j'ai envoyé un mail à ma boss pour demander à prendre quelques jours. Je suis tellement contente que tu m'aies proposé qu'on fasse quelque chose ensemble, me dit-elle en me prenant dans les bras.

Elle sent si bon. Elle n'a pas changé de parfum depuis qu'on se connaît. Je suis enveloppé d'un nuage de jasmin, de fleurs blanches, et de ce je-ne-sais-quoi qui n'appartient qu'à elle. Je prends une grande inspiration et j'en profite à fond.

– Tu vas bien ce soir ?

– Oui, pourquoi ? me demande-t-elle.

– Parce que j'avais envie de m'occuper de toi.

– Tu voulais me faire un massage ? me demande-t-elle en me gratifiant d'un sourire.

Merde, c'est pas du tout ce que je voulais faire.

– Pas seulement... suggérai-je en espérant que mon regard lui livrera le fond de ma pensée.

– Ah bon ?

– Tu voudras bien essayer quelque chose de nouveau avec moi ?

– Pourquoi pas...

Je sens qu'elle a une certaine appréhension, mais qu'elle n'est pas contre. On verra si son désir se réveille, ou pas. Si elle n'a pas envie, je garderai mes découvertes pour une autre fois.

Je l'invite à aller dans la chambre, elle me suit avec un petit sourire timide, manifestement surprise par ma détermination. Elle s'allonge sur le lit, je lui enlève son chemisier et dégrafe son soutien-gorge avant de commencer à lui masser le dos. Je la sens qui s'abandonne sous mes doigts. Puis mes mains se font plus curieuses, s'aventurant sur ses fesses moulées par son jeans qui lui fait un cul d'enfer. Je suis vigilant, elle a l'air d'apprécier, alors je continue avant d'oser aller plus loin. Elle commence à se cambrer sous mes caresses, et le fait de la sentir lâcher prise m'excite de plus en plus... N'y tenant plus, je finis par enlever son pantalon et la retourner, pour pouvoir plonger mes yeux dans les siens : et ce que j'y lis m'emplit d'un désir presque sauvage. Ses pupilles, agrandies par l'excitation, me supplient de continuer, tout comme ses mains, qui viennent trouver mes hanches avec une avidité non dissimulée. Alors, sans me faire prier, j'enlève sa culotte avant de plonger mon visage entre ses cuisses. Ma langue s'occupe de son bouton et je glisse un doigt à l'intérieur d'elle. Elle gémit doucement.

– Tu aimes ça ? lui demandé-je doucement.

– Oui…

Sa voix rauque, presque inaudible, troublée par le désir, me donne encore plus envie de continuer.

Je change de sens avec ma langue et je la questionne à nouveau. Et je continue encore et encore d'essayer de multiples variations avec ma langue, avec mes doigts, jusqu'à trouver celles qui la font le plus gémir, qui l'amènent jusqu'à l'orgasme. Je bande comme un fou à m'occuper d'elle comme ça.

Elle attrape ma tête entre ses mains avant de jouir. J'adore la sentir trembler contre moi. Puis je remonte et elle m'embrasse passionnément.

– C'était… commence-t-elle.

Elle semble ne pas trouver les mots, mais à son souffle court et son sourire agréablement surpris, je pense les deviner.

– Mais tu tiens ça d'où ? D'habitude tu es moins… euh… explorateur ?

– Disons que moi aussi, j'ai envie de faire renaître tes envies.

– Continue, alors, n'arrête pas, dit-elle en m'embrassant à nouveau fougueusement.

Je sens que nous n'allons pas beaucoup dormir ce soir…

16

Hélène

Je sors du bureau de ma boss le sourire aux lèvres. Mon congé a été accepté ! Anaïs avait vu juste, c'est le moment idéal pour prendre des jours de vacances de manière spontanée. Il ne me reste plus qu'à annoncer la bonne nouvelle à Tristan. J'espère que cette fois sera la bonne après le coup d'épée dans l'eau de notre dernière tentative pour nous retrouver tous les deux. Mais quelque chose de fondamental a changé : on est deux à avoir envie de sauver notre couple. Depuis quelques jours, je suis plus optimiste, même si, maintenant, c'est peut-être plus de moi que je doute. Le désir ne se commande pas et j'en suis encore dans la phase où je redécouvre ma libido.

Alors que je regagne mon poste de travail, Anaïs devine que tout a marché comme sur des roulettes.

– Je suis contente pour toi, me dit-elle. Tu sais ce que vous allez faire ?

– Non, pas du tout. Et par principe, je n'ai pas envie de tout organiser toute seule.

– Je comprends. Tu vas lui demander de s'en occuper ?

Je réfléchis.

– En fait, je préférerais qu'on le fasse à deux.

– Ah oui, à deux, c'est mieux, me taquine Anaïs en rebondissant sur mes propos involontairement à double sens.

– C'est pas faux, renchéris-je.

Je passe la fin de la journée à avancer sur mes projets en cours pour être sûre de pouvoir partir tranquille. C'est vrai que c'est une période calme : il est dix-sept heures et on a déjà fini tout notre travail sans même se presser.

– Je vais en profiter pour aller au cours de salsa, me dit Anaïs. Cela fait bien trop longtemps que je ne suis pas allée danser.

– Excellente idée ! Moi, je vais chercher Mathilde plus tôt et l'amener au square. Elle va être folle de joie.

Quelques minutes plus tard, je suis seule à finir de ranger mon bureau. Je suis sur le point de quitter les lieux quand je reçois un message de Tristan :

[Hello ma chérie :)
Alors, c'est bon ? Tu as pu
prendre des jours ?]

J'allais lui répondre tout simplement que oui, mais je me ravise. Érotiser le quotidien, qu'on avait dit. En plus, il n'y a personne qui pourrait lire mes messages par-dessus mon épaule.

[Peut-être… ;-)]

[C’est pas sûr ?]

[C’est juste que…
quand tu parles de prendre…
mon esprit s’égare.]

[Tu penses à quoi ?]

Je me lance.

[À la manière dont toi,
tu vas me prendre.]

Comment va-t-il réagir ? J’attends sa réponse, les yeux rivés sur l’écran, le cœur battant.

[Je veux te prendre de plein
de manières différentes ;-)
mais à toi de me dire celle
que tu préfères.]

Il rentre dans mon jeu ! Je sens mes joues rougir même si je suis toute seule.

[Je ne sais pas encore…]

[Il va falloir expérimenter
alors.]

[Oui, je suis sûre que l'on va
avoir plein d'idées.]

[Mes mains ont hâte
que tu les guides.]

[Et ta bouche aussi ? J'aime
ce que ta langue m'a fait
hier soir.]

[Ma langue a aimé
te faire jouir.]

[Alors il faudra qu'elle
me fasse jouir encore.]

La porte s'ouvre d'un coup, et je sursaute comme une gamine prise en faute.

– Désolé, je ne voulais pas te faire peur, me dit Tom, un collègue de la compta. Anaïs n'est plus là ?

– Non, elle est déjà partie, et j'allais faire de même, dis-je en m'enfuyant dans le couloir, pas complètement convaincue qu'on ne puisse pas lire sur mon front les textos que je viens d'envoyer.

J'envoie rapidement un petit message à Tristan pour clore la conversation.

[Désolée, je dois y aller,
à tout à l'heure !]

Nous passons la soirée à choisir la destination de notre voyage. Il faut dire qu'on s'y prend à la dernière minute, et qu'on a vraiment envie que tout se passe au mieux !

– Comme on part demain, commence Tristan, faut vraiment pas partir trop loin.

– Oui. En plus, j'ai encore du mal à m'éloigner de Mathilde, confessé-je. Je ne veux pas être à l'autre bout du monde si elle tombe malade, et qu'on a besoin de rentrer rapidement.

– Je suis d'accord. Je t'avoue, je ne suis pas très inquiet, mais c'est vachement important de partir l'esprit tranquille. Alors, mer ou campagne ? La montagne, c'est clairement pas possible.

– Et puis l'idée n'est pas d'aller skier, rajouté-je en souriant.

– Non, pas vraiment, renchérit Tristan, une lueur coquine dans le regard… Et j'ai pas trop aimé la mer la dernière fois.

– On va essayer quelque chose de complètement nouveau. C'est pour se donner un peu un nouveau départ, non ?

Tristan acquiesce d'un hochement de tête.

– Campagne, alors.

– Ou ville ? suggéré-je.

– Bof, je te connais, tu vas vouloir visiter tous les musées, me taquine-t-il.

– Tu me connais si bien, m'amusé-je. Donc pleine campagne.

– Ça me va.

– À une condition, ajouté-je.

– Laquelle ? me demande-t-il en levant un sourcil.

– Je veux une cheminée.

– Faut pas dire « je veux », quel mauvais exemple pour notre fille ! plaisante Tristan.

– Elle est couchée, alors pour une fois… Mais j'aimerais bien avoir une cheminée.

– C'est une super idée, dit Tristan. Je vote pour. Alors cherchons ça : une maison dans la pampa, avec une grande cheminée.

– Et des peaux de bêtes sur le sol ?

Tristan me regarde avec des yeux ronds, et j'éclate de rire.

– Je plaisante !

Quelques clics plus tard, nous trouvons notre bonheur : une petite maisonnette à une heure de voiture de Paris, libre dès demain (ce qui n'est pas si étonnant puisqu'elle est vraiment au milieu de nulle part !), et surtout, avec une magnifique cheminée.

– Je crois qu'on tient notre nid d'amour, conclut Tristan.

***

Le lendemain matin, nous remplissons le coffre de victuailles histoire de ne pas avoir à sortir faire les courses, nous déposons notre fille chez ses grands-parents et nous voilà partis ! C'est Tristan qui conduit. Je me sens comme une jeune mariée des temps anciens qui part en voyage de noces : heureuse de découvrir l'amour, et curieuse, et un peu inquiète peut-être de rencontrer enfin vraiment son époux…

– Tu as pu t'arranger avec Mickaël alors ? lui demandé-je, réalisant que je ne m'étais pas vraiment intéressée à lui.

– Oui, sans problème. Il m'avait déjà donné un accord

de principe, et je l'ai appelé tout de suite après ton message. Ça l'a un peu pris de court, mais bon, il était au taquet, donc pas de souci.

– Tant mieux. C'est chouette qu'on puisse partir tous les deux.

– Ouais. On en avait besoin, renchérit-il.

– Un nouveau départ pour tous les deux… On dirait qu'on se rapproche, et j'ai envie qu'on continue de resserrer nos liens…

– Moi aussi, m'avoue-t-il.

Un silence et il reprend, une lueur espiègle dans le regard.

– Ce qui était chouette aussi, c'étaient tes messages d'hier. Je savais pas que tu aimais envoyer des sextos…

– Eh bien… moi non plus, réponds-je presque timidement, un peu prise de court.

J'ai réussi à écrire des messages chauds bouillants, à demander à Tristan de me refaire jouir avec sa langue, mais je suis embarrassée comme une ado en entendant le terme « sexto » ? Ma réaction m'amuse moi-même.

– Deux secondes, j'ai eu peur que tu te trompes.

– Comment ça ? lui demandé-je.

– Que tu te sois trompé de destinataire. Genre qu'ils étaient pour ton amant.

– Tu es bête ! m'exclamé-je. C'est toi que j'aime !

– Et moi aussi, je t'aime, mais sur certains trucs, je ne te reconnais plus, et je ne sais pas sur quel pied danser avec toi, admet-il.

– C'est juste que j'ai envie d'essayer de nouvelles choses, tenté-je de lui expliquer.

– Tu peux essayer tout ce que tu veux avec moi. Je suis ravi de te servir de cobaye.

En fait, je n'aime pas trop la manière dont cette phrase résonne. Je ne veux pas qu'il soit mon cobaye : ça voudrait dire que tous les efforts, toute l'énergie viendraient de moi…

– Mais tu peux aussi essayer des choses, hein, poursuis-je.

– T'en fais pas pour moi. Tu te souviens pas des derniers jours ? Moi aussi, j'ai eu envie d'essayer quelques trucs.

– Je me souviens, dis-je en repensant au cunnilingus mémorable de la dernière fois. D'ailleurs, à ce sujet, n'hésite pas à recommencer…

Le rouge me monte aux joues.

– Je n'hésiterai pas, surtout si tu me le demandes, affirme-t-il en souriant.

Il me jette un regard complice.

– Tu aimerais que je te le demande ?

– Oui, me dit-il. J'ai adoré quand tu m'as dit ce qui te plaisait la dernière fois. C'était super excitant. D'ailleurs, rien que d'y penser, je bande à nouveau.

– Moi aussi, je commence à être humide, osé-je lui dire dans un souffle.

– Putain, Hélène, je suis désolé, mais je crois qu'il va falloir qu'on arrête de parler comme ça, sinon on ne va jamais arriver à bon port.

Le fait de parler de désir sans pouvoir rien faire est extrêmement érotique et je réalise qu'en effet, l'attente peut être quelque chose qui remet du piment dans la vie sexuelle. Ce n'est pas pour rien qu'on parlait autrefois de se pâmer, de se languir. J'ai hâte que nous arrivions, mais j'ai une certaine appréhension aussi. Je ne me vois pas non plus lui sauter dessus, ce serait un peu artificiel… Je me sens prise entre deux courants contraires, l'envie de faire l'amour avec lui, et une petite voix qui ne veut pas que ça soit si facile, qui a peur que cette libido renaissante soit un leurre.

Tristan a dû sentir ce nuage passer dans mes pensées, car il s'enquiert de savoir si tout va bien. Je ne sais pas quoi lui dire, car il se réjouit tellement que notre relation aille mieux, mais je ne veux pas lui mentir non plus… Je serais idiote si je n'avais pas remarqué que nous ouvrir l'un à l'autre nous a permis de nous retrouver.

– Je suis un peu inquiète pour nous, lui réponds-je.

– Je comprends. Pareil pour moi. Je sens bien que tout ça n'est pas acquis.

Il prend ma main et la serre fort.

– Mais s'il y a un truc qui est clair, c'est que c'est toi que je veux, me lance-t-il tout de go.

– Je t'aime, Tristan.

Il me jette un regard bref mais intense avant de diriger à nouveau son attention sur la route.

– On va y arriver, ma chérie.

Je dépose un baiser sur sa main.

– Oui, répété-je. On va y arriver.

17

Tristan

En arrivant on commence par s'installer rapidement, mettre la valise dans la chambre, les provisions dans le frigo. Je crois qu'on aurait bien aimé se prendre sauvagement sur le canapé sans attendre, pour le principe de le faire vite et spontanément, mais ça aurait été carrément trop « le faire pour le faire ». Je ne dis pas que je n'ai pas eu envie de lui sauter dessus dans la caisse, mais on a fini par parler d'autre chose et le désir est retombé. Bon, il ne faudrait pas beaucoup de temps pour relancer la machine, mais du temps on en a pour une fois, alors ce serait dommage de ne pas en profiter. Résultat, on est comme des cons, un peu gênés. Mais autant avant, ça m'aurait embêté de sentir cette distance, autant tout de suite, elle ne me dérange pas. Ça me rappelle quand on était plus jeunes et qu'on ne l'avait pas encore fait… Je veux bien essayer de séduire à nouveau ma femme, ça a l'air de nous réussir.

– Viens, j'ai quelque chose à te montrer, me dit Hélène

en m'invitant à la suivre dans le salon où trône la fameuse cheminée qu'on avait posée comme critère principal dans nos recherches.

J'adore quand elle prend cette petite voix coquine. La première pensée qui me vient : elle avec une mini culotte en dentelle rouge. C'est ça qu'elle veut me montrer ? Des nouveaux sous-vêtements ? Mes espoirs sont vite balayés quand, en guise de strip-tease, elle me sort une petite boîte en carton. Pas de culotte rouge à l'horizon…

– Qu'est-ce que c'est ?

– Je ne sais pas non plus, me répond-elle, le regard brillant.

– Hein ?

Je n'y comprends rien, mais la petite flamme sexy s'est ravivée dans son regard. Je ne me suis pas trompé, elle a une idée qui me plaît derrière la tête. Reste à savoir laquelle.

– Dans cette boîte, il y a des secrets pour nous.

– Des secrets ?

– Je n'en sais pas vraiment plus que toi, je n'ai pas voulu l'ouvrir sans toi.

Elle prend un moment pour réfléchir.

– À ce que j'ai compris, cette boîte contient des « trucs et astuces » pour aider notre couple à aller mieux… Pas exactement un mode d'emploi, mais des petites choses à savoir ou à faire pour se retrouver… Tu veux bien l'ouvrir avec moi ?

– Évidemment que je suis partant ! Mais tu l'as d'où, ton truc ?

Elle laisse passer un silence.

– Je peux ne pas te le dire ?

Bam ! Au moins, c'est clair. Je chasse vite l'idée de l'autre mec de ma tête, il y a quand même pas d'amant assez taré pour donner des trucs à sa maîtresse pour que ça se passe mieux avec son mari… Mais d'où ça lui vient ?

Bon, après tout, je m'en fous. Elle se sent mieux, et j'en profite. Si ça se trouve, c'est juste elle qui l'a fabriquée en suivant un tuto sur Internet. Va falloir que j'arrête de voir le mal partout…

– C'est bon, je peux vivre sans le savoir, lancé-je.

Finalement, elles sont drôlement attirantes, les zones d'ombre de ma femme. Et son assurance est terriblement sexy.

Hélène ouvre la boîte et je ne peux m'empêcher de penser à Pandore. J'espère juste qu'on n'est pas en train d'ouvrir quelque chose de dangereux.

Il y a plusieurs enveloppes numérotées. Hélène prend celle qui porte le numéro un.

– J'y vais ?

– Vas-y !

Je me sens presque surexcité, comme un gamin qui découvre une carte mystérieuse dans un coffre à trésor.

Dans cette enveloppe, il y a une lettre qu'elle me lit à haute voix.

Cher couple,

Si vous tenez cette lettre entre les mains, c'est que vous avez été malmené. Les deux partenaires qui vous composent vous ont négligé. Il est temps d'y remédier si vous voulez continuer à exister.

Dans cette boîte, vous trouverez des pistes de réflexion pour vos partenaires, pour les aider à se retrouver, pour les aider à se différencier. Il faut parfois prendre des chemins vers soi pour mieux s'unir à nouveau.

On dit qu'on s'engage dans un chemin, et cela va être votre première étape. Pour avancer, il faut s'engager.

C'est pourquoi chacun des deux partenaires doit décider officiellement de tout faire pour votre couple. Vous pouvez le faire par oral, mais à vous de voir si vos promesses n'auront pas plus de poids par écrit. Nous vous proposons donc de recopier et de signer la phrase suivante, mais vous êtes bien évidemment libre de l'écrire avec vos mots :

Moi, (votre nom), je m'engage à faire attention à (votre partenaire), à faire de notre couple ma priorité, et à redonner à ma vie amoureuse l'importance qu'elle mérite.

Nous vous souhaitons bonne chance dans votre périple.

Soyez honnêtes, soyez séducteurs, soyez séduits, soyez vous-mêmes.

Signé : les Raviveurs de Flamme

C'est complètement barré, ce truc. Mais d'un autre côté, on dirait les règles d'un jeu de rôle et j'avoue que j'ai toujours adoré ça. Hélène me dévore du regard, attendant visiblement une réaction de ma part.

– Bah… je me suis déjà engagé pour toi, je veux bien le refaire… lui dis-je doucement.

Elle a l'air surprise.

– On est bien d'accord que c'est un peu *space*, ton truc, lancé-je, mais bon, ça me rappelle toutes nos parties de

Donjons et Dragons. J'ai toujours adoré t'imaginer en tenue de Xena la guerrière !

– C'est vrai, je me souviens, ajoute-t-elle en rougissant presque.

Elle est trop sexy quand elle a des pensées coquines. Je ne regrette pas deux secondes qu'on ait ouvert la boîte !

– Et toi, tu serais aussi prête à signer pour moi ?

– Bien sûr !

– Alors, allons-y !

Elle se lève pour aller chercher un stylo dans son sac à main. C'est fou de la voir se prendre au jeu à ce point-là. C'est à la fois étonnant et complètement naturel, déroutant et pourtant si familier.

– On l'écrit dessus ? demandé-je.

– Euh, je ne sais pas exactement. Le mieux, c'est qu'on l'écrive sur une feuille à part, non ?

– Bah, si tu dois rendre la boîte après, c'est mieux.

– Je ne me suis même pas posé la question, m'avoue-t-elle.

J'ai beau avoir accepté de ne pas savoir, je reste quand même un peu curieux, mais je respecte notre accord et n'essaie pas d'en savoir plus.

– Bon alors il faut trouver une feuille, reprend Hélène en en cherchant une du regard.

Ça ne suffit pas, alors on commence à farfouiller dans les tiroirs : bingo ! je tombe sur un paquet de belles feuilles de dessin avec une boîte de crayons de couleur et des feutres. J'ai toujours adoré dessiner, même si ça fait bien longtemps que je n'ai rien fait. Mais là, ça me donne envie.

– Laisse-moi faire un truc, je me sens inspiré, dis-je à Hélène.

Je prends une feuille et commence à la colorier dans les beiges et jaunes pour lui donner l'apparence d'un parchemin. Puis je brûle les bords avec le briquet trouvé près de la cheminée pour peaufiner mon œuvre. Hélène me regarde faire et je sens la force de son regard dirigé entièrement vers moi. J'aime être le centre de son attention, alors j'en profite.

– T'en penses quoi ? lui demandé-je quand je lui montre fièrement le résultat de mon travail.

– C'est génial ! Je suis tellement contente que tu te prennes au jeu avec moi, ajoute-t-elle.

– Tout pour ma reine.

Nos regards se croisent et font des étincelles. Je meurs d'envie de l'embrasser. Et elle le veut aussi, je le lis dans ses yeux. Alors je lâche le papier pour prendre son visage dans mes mains et lui offrir un long baiser passionné. Je la sens frissonner de plaisir, et je n'en suis que plus excité. Mais chaque chose en son temps. C'est bien de ne pas se presser.

– Tu commences, ou c'est moi ?

– Je commence, répond-elle d'un ton décidé.

Elle choisit un feutre noir et recopie la phrase proposée de sa plus belle écriture… avant de la continuer :

Moi, Hélène, je m'engage à faire attention à Tristan et à faire de notre couple ma priorité, et à redonner à ma vie amoureuse l'importance qu'elle mérite, parce que j'aime Tristan et que j'aime notre couple.

Putain, je me découvre beaucoup plus sentimental que je ne le pensais. Ça me plaît bien, toutes ces conneries ! Alors à mon tour, je recopie mes vœux d'engagement en le complétant comme Hélène… et en poursuivant :

parce que j'aime faire l'amour avec elle et que j'ai envie de la désirer toute ma vie.

Je jette un œil sur ma femme qui est en train de lire par-dessus mon épaule. Sa respiration est plus haletante. La tension dans l'air est palpable, et il va falloir faire quelque chose pour ne pas lui sauter dessus tout de suite. Je choisis l'humour.

– Bon alors, on a fait comme dans *Cinquante nuances de Grey*, c'est ça ?

Hélène me lance un regard interrogateur. Je me serais trompé de référence ?

– Bah oui, m'expliqué-je, on a signé un contrat. Enfin, j'espère que c'est un peu différent et qu'il n'y a pas de fouet caché dans la deuxième enveloppe.

Hélène sourit à ma blague à la con. Ça me fait plaisir, car ces derniers temps, elle avait tendance à toujours prendre mal ce que je disais. Mais là, on dirait qu'on recommence à être sur la même longueur d'onde.

– Non, je te rassure, personne n'a envie de fouetter personne, s'amuse-t-elle à son tour.

Elle fait une pause avant de poursuivre :

– Enfin, pas de cette manière, sans demande, sans consentement.

– Tu veux dire que tu serais prête à me fouetter ! Ah oui, mais non merci !

Nous rigolons de bon cœur, évacuant la tension qui est entre nous, oscillant entre solennité et badinage.

– On continue ? m'interroge Hélène.

Décidément, la flamme dans son regard est bien trop sexy, alors j'acquiesce.

Elle ouvre de nouveau la boîte et en sort l'enveloppe qui porte le numéro deux. Cette fois, le message s'intitule *La Carte des Territoires*.

Chers partenaires,

Il est temps maintenant de mieux vous connaître et de vous dévoiler un peu plus à l'autre.

Vous allez dessiner ensemble la carte de vos territoires, c'est-à-dire la carte de vos pratiques sexuelles, de vos points communs quand vous faites l'amour, et de vos envies divergentes. Ce sont elles qui vont vous permettre de vous redécouvrir.

Mais commençons par le commencement : au centre, vous écrirez les pratiques dont vous avez l'habitude. Sur votre terrain propre, il y aura vos envies, et au loin, vos fantasmes. Il est certainement trop tôt pour nommer ces territoires-là, mais il s'agit avant tout de noter qu'ils existent pour pouvoir partir à leur découverte. Rappelez-vous que le voyage compte autant que la destination…

Signé : les Raviveurs de Flamme

– Dessiner une carte, pourquoi pas ? commenté-je, un peu perplexe. Après, c'est vrai que j'aime bien dessiner.

– Je ne suis pas sûre que le but soit de faire une œuvre

d'art, me taquine Hélène, l'air un peu boudeur.

Peut-être pense-t-elle que je ne prends pas la proposition assez au sérieux ? Ce n'est pas le cas, même si tout ça est quand même vachement déstabilisant. Mais je suis prêt à faire pas mal de trucs bizarres pour la reconquérir, en fait…

– Ce n'était pas mon intention, ma chère Daenerys.

– Très bien, alors, mon Jon Snow…

Cool, avec mon allusion à *GoT*, j'ai l'impression d'avoir de nouveau marqué des points. Moi qui ne voulais plus être regardé comme le père de sa fille seulement, je sens qu'on est dans la bonne direction. Alors j'en profite pour aller à la pêche aux compliments. Autant en profiter… Ça fait trop de bien…

– Ah ouais, tu me vois comme Jon Snow ?

– Oui, car c'est lui le plus sexy de la série…

– Tu me flattes… susurré-je en lui collant un baiser sur la bouche.

Elle a l'air déçue et je ne sais pas si c'est pour de vrai ou pour de faux, et je dois me rendre à l'évidence : cette incertitude fait battre mon cœur plus vite. Je suis suspendu à ses lèvres…

– Je préfère quand tu m'embrasses avec la langue, me révèle-t-elle à voix basse, comme si elle me révélait un secret important.

– Pardon, ma reine, dis-je avant de m'exécuter.

Décidément, j'adore quand elle me dit ce qu'elle aime que je lui fasse… Je m'assois tout contre elle pour qu'elle puisse suivre la création de la carte. Je prends les crayons de couleur et commence par dessiner deux grandes îles reliées entre elles par une sorte de péninsule.

– Là, c'est toi, lui expliqué-je en lui montrant l'île de son côté, là c'est moi, et entre nous d'eux, ce sont les « Terres communes », ça te va ?

– Oui, en revanche, je préférerais les appeler les « Terres d'entente ». Tu serais d'accord ?

– Carrément ! T'as raison, c'est mieux. Et puis le but, c'est qu'on fasse cette carte à deux, non ?

– Oui, c'est vrai…

– Alors qu'est-ce qu'on va dessiner au milieu ? lui demandé-je.

– Si j'ai bien compris, toutes les choses qu'on aime bien faire ensemble…

Elle a l'air à la fois déterminée, mais encore un petit peu sur la réserve. Je la trouve craquante, et j'ai envie de l'encourager à oser me parler de sexe.

– Les trucs coquins ? reprends-je.

– Oui…

– On peut commencer par les trucs simples. Genre : le Pont du Missionnaire.

– Bien trouvé ! lance-t-elle avec un clin d'œil.

Son visage s'illumine et elle se lance :

– Tu peux y ajouter la colline de la Levrette. Et les rivières Cunnilingus et Fellation.

Ah oui, ça y est, elle est dedans. Ça me fait bizarre de l'entendre dire ces mots-là, je n'ai pas l'habitude qu'ils sortent de sa bouche. Mais c'est excitant, c'est clair.

J'ai envie d'en profiter d'en apprendre plus sur elle, sur ce qu'elle aime. Il y a des choses qu'on a déjà essayées une ou deux fois, mais que je n'ose pas lui proposer plus souvent parce que je ne sais pas si elles lui plaisent vraiment… Donc sous le prétexte de savoir quoi tracer, je peux lui demander si elles pourraient la tenter.

– Est-ce que ces rivières pourraient se rejoindre dans la mer du Soixante-Neuf ? lui demandé-je d'un air innocent.

– Euh oui, répond-elle, visiblement autant gênée qu'émoustillée. On ne s'est pas promenés souvent par là mais j'aime bien en fait…

Ouais, je ne regrette vraiment pas d'avoir essayé son jeu. J'en apprends, de ces trucs !

– Et puis si je peux, j'aimerais bien rajouter un lieu… Enfin, si t'aimes aussi, lui confessé-je.

– Ah oui ? Dis-moi, et je te dirai si ça me plaît.

Je prends une grande inspiration avant de reprendre. Je suis un peu intimidé en fait.

– Je me suis rendu compte que j'adore quand tu me dis ce qui t'excite. Ça me fait bander direct.

Elle sourit doucement, et je réalise que si ça se trouve, elle s'attendait à d'autres choses… Et j'aimerais bien savoir lesquelles.

– Et moi, j'aime te le dire, me dit Hélène. Je trouve cela intimidant et érotique à la fois.

– Alors on rajoute quoi ? La montagne des Mots du Désir ?

– Bonne idée !

Nous nous penchons tous les deux sur la carte. Ça commence franchement à ressembler à quelque chose. C'est sympa, j'aime bien voir nos désirs couchés sur le papier.

– Et comment appelle-t-on nos territoires propres alors ? demande ma femme, comme prise par une soudaine inspiration.

– À gauche s'étendent les Terres de la Virilité, avec tout au bord, l'extrême des Terres inconnues, réponds-je du tac à tac.

J'ai plus d'imagination dans ce domaine-là que je ne le pensais.

– Et de mon côté, il y a la Terre de la Féminité, avec au fond aussi des Terres vierges.

– J'ai hâte d'aller voir ce qu'il y a là-bas.

– Je ne sais pas moi-même ce que je vais y trouver.

18

Hélène

J'ai encore du mal à exprimer mes désirs, ou mes envies – et je me mélange toujours les pinceaux entre les deux… – mais c'est le moment ou jamais de dire ce à quoi j'ai déjà pu penser. Surtout maintenant que je sais que mes mots l'émoustillent.

– En tout cas, il y a déjà des petites choses que j'aimerais bien essayer… osé-je.

– Dis-moi alors, quels sont les territoires inconnus que tu voudrais que l'on explore tous les deux ? me demande-t-il d'un air gourmand.

Je me lance :

– C'est tout bête en fait, mais c'est quelque chose que je n'ai jamais osé.

– Alors, c'est le moment d'oser !

Je cherche mes mots, et cela m'intimide autant que cela m'excite de lui raconter ce que j'aimerais qu'on se fasse.

– En fait, j'ai lu quelque part que ce serait plus intense si je me caressais en même temps qu'on fait l'amour.

Je marque une petite pause pour regarder comment il réagit. Ce que je viens de lui confier semble avoir attisé son désir, alors je m'enhardis et continue mes explications.

– Et la dernière fois, quand tu m'as léchée en mettant un doigt à l'intérieur de moi – je me sens rougir en prononçant ces mots – j'ai été confortée dans cette idée.

Le cœur battant, je redoute sa réaction… qui ne se fait pas attendre.

– Et pourquoi tu ne l'as jamais fait alors ? m'interroge-t-il doucement.

– Déjà, parce que je n'avais pas eu cette idée avant, et ensuite, parce que j'avais peur que tu le prennes mal.

Tristan fronce les sourcils, surpris et soucieux. Je ne pensais pas qu'il prendrait ce sujet aussi au sérieux !

– Pourquoi je l'aurais mal pris ?

– Je ne sais pas, moi, parce que tu aurais pu penser que cela voulait dire que ce que tu me faisais ne me suffisait pas… J'avais peur de te blesser dans ta virilité, ou que tu te sentes dévalorisé…

– Mais c'est idiot ! dit-il en riant.

Je me renfrogne légèrement.

– Ne te moque pas de moi, s'il te plaît, ce n'est pas évident d'avouer des pensées aussi intimes.

– Je suis désolé, ma chérie, c'est juste que je suis tellement surpris que tu aies pu penser ça ! Tu as raison, je ne devrais pas en rire.

Comme je reste silencieuse, il poursuit :

– Je ne voudrais pas que tu te refermes comme une huître.

Moi, je suis ravi que tu t'ouvres à moi comme ça, et je n'ai pas envie que ça change.

Je lui souris pour lui faire comprendre que c'est pardonné.

– En fait, c'est carrément le contraire, reprend-il.

– Ah bon ?

– Oui, moi je trouverais ça super sexy si tu te touchais en même temps.

– Pourquoi ? lâché-je avec un petit sourire mutin.

Je demande par curiosité, mais surtout par provocation, et ce petit jeu ne semble pas lui déplaire…

– Parce que c'est excitant de te voir te caresser…

Il semble rechercher ses mots, je réalise qu'il est en train de visualiser la scène et je rougirais presque.

– Ouais, reprend-il, ça serait vraiment excitant. Et puis je pense que ça boosterait même mon ego.

– Qu'est-ce que tu veux dire par là ? l'interrogé-je.

– Eh bien, ce serait un signe que tu aurais complètement lâché prise… que j'aurais su te rendre dingue…

C'est quand il me murmure ce genre de choses avec sa voix rauque de désir qu'il me rend complètement dingue…

– Il faudra que j'essaie alors, balbutié-je.

– Je ne demande que ça, conclut-il.

Quand il me regarde avec ces yeux-là, j'ai l'impression d'être nue devant lui, mais aussi et surtout, d'être la femme la plus attirante du monde. Et dans ces moments-là, moi aussi, je suis folle de lui.

– Et toi, il y a des choses que tu aimerais essayer avec moi ?

– Oui, il y a bien quelque chose, mais à mon tour, je ne sais pas si j'ose te le demander.

– Tu peux déjà m'avouer ce que c'est, on verra ensuite si cela nous fait envie à tous les deux.

– Tu promets de m'écouter sans rire et sans me juger ? me demande-t-il avec un petit sourire teinté d'embarras.

– Promis.

C'est amusant de le voir à son tour un peu gêné. J'aime bien le fait que ces discussions nous mettent sur un pied d'égalité par rapport à ce qu'on ose exprimer.

– En fait, j'aimerais bien essayer la sodomie.

– Ah, OK.

Sur le coup, je ne sais pas quoi répondre de plus. Je ne m'attendais pas à ce qu'il parle de ça et qu'en plus, il en parle aussi directement.

– Je te l'ai dit de manière cash, je sais, mais au moins, ça évite les malentendus, se justifie-t-il comme s'il avait lu dans mes pensées.

– Oui, c'est sûr, lui confirmé-je.

– Et donc ? me demande-t-il après un temps de silence.

– Et donc quoi ?

– Bah, tu en penses quoi ? me questionne-t-il à brûle-pourpoint.

– Je ne sais pas vraiment… J'y ai déjà pensé aussi, mais je ne sais pas si j'en ai envie.

– Si tu n'as pas envie, c'est pas grave, hein, me dit-il, tu me demandais ce que je désirais, alors je te fais juste part d'un désir à moi. Mais on peut très bien vivre sans, évidemment.

C'est touchant de voir qu'il fait tout pour que je ne me sente pas obligée ; j'ai confiance en lui, je sais qu'il n'essaiera pas de me forcer la main pour me faire faire des choses qui ne me tentent pas. Il me respecte. Et moi, je me rends compte que je respecte aussi ses désirs. Même si on n'a pas exactement les mêmes, je ne le juge pas.

– Pourquoi en as-tu envie ? lui demandé-je sincèrement.

Même si je ne suis pas à l'aise comme un poisson dans l'eau, le but de cette « carte des territoires » est de mieux le connaître, donc autant aller au bout !

– C'est con...

Je secoue la tête doucement. Il reprend :

– Tu as raison, pas de jugement. Donc j'ai envie de ça, parce que l'idée de te posséder complètement, de savoir qu'il n'y a plus de tabou m'excite terriblement.

– En fait, je ne suis pas contre l'idée, lui dis-je, songeuse, et je vois son côté excitant, mais en toute franchise... j'ai un peu peur d'avoir mal.

– Je comprends... Si un jour tu en as envie, on pourra essayer doucement, progressivement, et puis tu verras si ça te plaît ou si tu veux en rester là. Mais si ça ne te tente pas, on n'est même pas obligés d'essayer.

– Ne t'inquiète pas, je suis capable d'entendre ton désir sans me sentir forcée. Je sais que tu me respectes.

– Et puis je crois qu'en plus, dans ce cas précis, faut vraiment en avoir envie pour que ça se passe bien.

– C'est possible... Je n'ai pas d'expérience en la matière...

– Et moi non plus ! renchérit-il. De toute façon, quoi qu'on veuille, quoi qu'on découvre, quoi qu'on soit prêt à montrer à l'autre de son territoire inconnu, eh bien, on ira lentement alors... On a tout le temps.

– Oui, on a tout le temps. Mais quand même… Ça ne veut pas dire qu'on ne peut pas faire un peu de pratique en attendant, non ? lui suggéré-je avec un air taquin.

Il fait mine de réfléchir, de peser le pour et le contre.

– C'est vrai qu'il fait un peu frais ici, on pourrait aller sous la couette…

Son regard me dope et je me sens comme devenir une autre, plus sexy, plus amoureuse, et j'ai envie de prendre les rênes, ce que je ne fais pas d'habitude. Alors que je l'entraîne vers la chambre, je ne pense plus à mes kilos en trop, je ne pense qu'au plaisir à venir. Je suis si belle sous son regard, sous ses mains qui enserrent mes hanches.

J'ose le déshabiller, le coucher sur le lit et lui offrir un strip-tease, moi qui n'en fais jamais. Il me dévore des yeux et son attitude m'enivre complètement.

Je m'enhardis encore plus, montant sur lui comme Andromaque sur Hector. Je le sens à la fois étonné et fou de désir. Et moi, je me sens merveilleusement bien.

19

Hélène

Le lendemain matin, je me réveille en sursaut. Malgré la délicieuse journée que nous avons passée hier, mes angoisses sont revenues. Peut-être même à cause de ce qui s'est passé ? Dans quoi me suis-je lancée ?

Tristan est encore endormi, alors je me lève pour me préparer un thé dans la petite cuisine déjà baignée de lumière. Mes pensées me ramènent à la soirée de la veille.

Sur le moment, j'ai adoré tout ce jeu autour de la carte, et j'ai vraiment apprécié cette intimité, cette liberté de ton. On était tellement bien après notre discussion. Et encore mieux après avoir fait l'amour…

Plus tard, on est allés se balader dans la forêt, main dans la main, complices comme deux ados. On a allumé un feu et bu un verre de champagne en grignotant les douceurs salées et sucrées qu'on avait apportées… On a refait l'amour le soir, et j'ai osé me caresser pour la première fois pendant qu'il me prenait : qu'est-ce que j'ai aimé cette sensation inédite…

Chaque nouvelle fois où l'on fait l'amour est maintenant légèrement différente de la précédente, mais après, que va-t-il se passer ? Est-ce qu'il va toujours falloir trouver des choses nouvelles pour encore se désirer ? Est-ce qu'on va être obligés d'aller toujours de plus en plus loin ? Est-ce qu'il y a un catalogue de pratiques à tester ? Et quand on a essayé tout le *Kama-sutra*, que se passe-t-il ?

Plus encore, j'ai peur de ce qui peut sortir. Ce qui est vraiment nouveau, c'est ce dont on parle, la manière dont on en parle… Plus que l'acte en lui-même, c'est cela qui a complètement changé. Et j'ai peur de ce que je peux apprendre.

Et s'il me proposait des choses dont je n'ai vraiment pas envie ? Et si j'étais moi-même choquée par mes propres fantasmes qui vont se réveiller ? J'ai déjà du mal à assumer entièrement le désir que j'ai ressenti pour mon bel Américain.

– Tu es déjà debout, me surprend Tristan qui me rejoint dans la cuisine.

Je sursaute comme une gamine prise en faute d'avoir eu des pensées coupables. Je sais bien qu'il ne peut pas lire dans ma tête, mais je suis mal à l'aise.

– Il y a quelque chose qui ne va pas ? me demande-t-il.

Je ne sais pas comment aborder le sujet avec Tristan, mais si j'ai appris quelque chose ces derniers jours, c'est que la manière la plus directe est certainement la meilleure. Alors je prends mon courage à deux mains pour lui faire part de mes doutes.

– Et si on allait trop loin ? lui demandé-je.

– Comment ça ?

– Si on finissait par se perdre dans tous ces jeux, qu'on

n'était plus vraiment nous, que ça ne convenait plus à l'un d'entre nous ?

– Hein ? s'exclame Tristan. Je croyais qu'au contraire, tu avais l'impression que ça nous rapprochait ?

– Je ne sais plus… avoué-je.

Alors que Tristan semble de plus en plus interloqué, un frisson désagréable me parcourt.

– Je ne te comprends pas. Explique-moi. Tu veux dire que tout ça, c'était pour rien ? Ça ne mène à rien ?

– Je n'ai pas dit ça… Mais je suis inquiète.

– Bah de quoi as-tu peur ? me demande-t-il.

– J'ai déjà entendu dire que quand on assouvit un fantasme, on doit s'en trouver un autre, plus fort, parce que le premier ne fait plus d'effet, lui expliqué-je.

– Je ne sais pas comment ça marche, mais je vois juste ce qui se passe entre toi et moi, et franchement, je trouve que ça n'a rien à voir.

– Ah bon ? m'étonné-je.

Tristan fait une pause, semble chercher les mots justes pour me rassurer.

– On s'est dit oui, on s'est dit non ces derniers jours. On n'avait jamais échangé aussi clairement sur nos désirs, et ça nous a rapprochés, tu n'es pas d'accord ?

Sa réaction me fait du bien, et mes inquiétudes commencent à s'envoler.

– Si, tout à fait, admets-je.

– Donc, continue-t-il, je pense que si toi ou moi nous sentions mal à l'aise par rapport à quelque chose, on se le dirait tout de suite. La preuve, c'est ce que tu viens de faire.

Tu as un doute, tu en parles. On communique, et moi je trouve ça top. Même si c'est pour parler des doutes ou des trucs qui vont moins bien.

– Je n'avais pas vu les choses sous cet angle-là.

– Mais après tout, on peut aussi arrêter là. On a déjà bien avancé tous les deux, on n'est pas obligés d'ouvrir la troisième enveloppe.

– Il me semble bien que c'est la dernière en plus.

– À toi de voir, me déclare-t-il.

– Pourquoi, tu ne veux pas la voir, toi ? lui demandé-je, une pointe de déception dans la voix.

C'est bête : j'hésite moi-même à l'ouvrir, mais je ne sais pas pourquoi, le fait que Tristan puisse ne pas être intéressé par le contenu de la troisième enveloppe me chiffonne.

– Si, mais pas si c'est à tes dépens, ou si tu ne le désires pas. L'amour se fait à deux, les jeux aussi.

– Je ne sais pas.

– Ne te mets pas la pression par rapport à cette enveloppe. Pense à autre chose, et on verra si tu en as envie plus tard, ou pas. On est cool. On n'est pas là que pour le cul… mais aussi et surtout parce qu'on s'aime.

Ses propos me font sourire et me rassurent, et sa tête qui se glisse sous les draps finit de me changer les idées.

***

Quelques heures plus tard, après l'amour, la promenade et le déjeuner à pas d'heure, je décide d'ouvrir la troisième et dernière enveloppe. C'est vrai qu'on ne va pas s'arrêter en si bon chemin, et après tout, il sera toujours temps de faire marche arrière ensuite ! Tristan et moi nous installons confortablement l'un à côté de l'autre sur le canapé devant le feu de cheminée et, le cœur battant, je lis la lettre à voix haute.

Chers partenaires,

Êtes-vous prêts à jouer ensemble ?

Êtes-vous prêts à jouir ensemble ?

Pas de jeu sans règles. À vous de décider celles qui sont immuables, et celles qui peuvent être transgressées – dans le respect de chacun et de votre couple.

Nous vous en conseillons certaines, à vous d'inventer les autres ! Avant de les accepter, discutez-les entre vous. Et n'oubliez pas, ce sont vos vies, vos règles, vos jeux. Les règles que nous vous proposons concernent chacun d'entre vous, chacun des deux partenaires doit donc l'affirmer, mais une règle n'est valable que si les deux l'acceptent.

– Je ne suis pas obligé de tout dire.

– Je ne juge pas l'autre.

– J'ai le droit de dire non.

– J'ai le droit de dire oui.

– J'ai le droit de dire ce que j'aime.

– J'ai le droit de dire comment j'aime.

– J'ai le droit d'oser.

– J'ai le droit de refuser.

– Je n'ai pas le droit de simuler.

Que ces règles vous servent de pistes de réflexion !

Signé : les Raviveurs de Flamme

– Ça tombe bien, ces règles, dit Tristan.

– Ce règlement tombe à pic. On ne doit pas être les seuls à s'être demandé si on va trop loin.

– Moi, reprend Tristan, j'aime particulièrement celle qui parle de « dire ce qu'on aime », mais ça, tu le sais maintenant.

– Oui, j'ai cru voir ça, minaudé-je malgré ma légère gêne.

– Mais…

– Mais quoi ? lui demandé-je.

– Celle sur la simulation me fait m'interroger quand même : tu as déjà simulé avec moi ?

– Ça m'est arrivé, lui avoué-je, un peu honteuse.

– Merde alors ! Quand ça ?

– Je ne sais plus…

– Souvent ?

– Non…

– Mais pourquoi ?

– Je ne sais pas exactement… J'avais envie de faire l'amour, mais je n'arrivais pas vraiment à jouir, j'étais fatiguée, alors finalement je n'avais plus trop envie…

– Pourquoi t'as pas dit stop ?

– Je voulais quand même que toi, tu prennes ton plaisir… Et je sais que souvent, tu te retiens pour me laisser à moi le temps d'avoir un orgasme. Alors si tu penses que j'ai joui, tu termines plus vite.

– Ouais, mais après, tu te forces, c'est pas cool. J'ai pas envie que tu te forces avec moi.

– Ce n'était pas si clair dans ma tête à ce moment-là.

– Non, décidément, je ne veux pas que tu simules. Déjà que c'est pas toujours facile de savoir si on s'y prend bien, ou ce que tu aimes, si en plus tu simules, bah je n'ai aucun moyen de savoir comment te donner du plaisir !

– OK, je ne simulerai plus, lui promets-je en passant ma main dans sa nuque.

Le fait qu'il tienne à ce que je prenne autant de plaisir que lui me touche.

Nous nous taisons un moment avant de nous pencher de nouveau sur la liste des droits et devoirs de la boîte.

– Tu vois, reprend-il, on dirait que les fameux Raviveurs de Flamme ont pensé à tout : pour les fantasmes, on n'est pas obligés de tout se dire. On a le droit d'avoir un jardin secret.

– Oui, je ne suis pas sûre qu'il faille réaliser tous ses fantasmes.

– Surtout s'ils ne sont pas partagés ! Et le but, c'est de se faire du bien à deux, pas de laisser Bébé dans un coin sans plaisir.

Son allusion à *Dirty Dancing* dans ce cadre me fait rire. Il a le chic pour dédramatiser les situations où je deviens un peu nerveuse !

– Mais n'empêche que j'aimerais bien connaître un de tes fantasmes. Pas pour le réaliser forcément, mais juste pour savoir.

Je reste muette : c'est une chose de théoriser sur les fantasmes, mais raconter les *siens*, c'en est une autre… !

– Cest pas grave, tu me raconteras une autre fois, me propose-t-il en me prenant la main.

Il joue distraitement avec mes doigts, ma paume, la massant, la caressant. C'est surprenant et agréable. Je le laisse faire en regardant comme hypnotisée.

En fait, ce n'est pas que je n'ai pas envie de lui parler de mes fantasmes, c'est que ça reste un peu difficile de mettre des mots sur des choses aussi intimes... et d'oser les dire à voix haute ! Mais le fait de me prendre au jeu pour dépasser mes propres limites fait partie des choses qui attisent mon désir.

– Non, en fait, j'aime bien te raconter ces choses-là. Je ne l'aurais jamais cru, mais quelque part, ça m'émoustille un peu, lui expliqué-je.

– Alors, raconte-moi.

Je lâche sa main et me blottis dans ses bras, reposant mon dos sur son torse. Ainsi, je le sens là, tout proche de moi, mais nous regardons ensemble dans la même direction, vers la cheminée et le feu qui y brûle, et je n'ai pas à le regarder dans les yeux. Si c'était le cas, je n'arriverais pas à lui parler...

– En fait, j'aimerais faire l'amour dans un jardin public, avoué-je en un murmure.

– Continue, me demande-t-il en se penchant pour déposer de petits baisers sur ma nuque.

Le fait de ne pas avoir à le regarder droit dans les yeux me permet d'oser continuer, et son souffle tout près de moi me rend toute chose.

– J'imagine que l'on escalade une grille la nuit, qu'on a apporté une grande couverture et qu'on s'allonge dessus.

– Et je fais qui moi ? me chuchote-t-il.

Lentement, sensuellement, Tristan commence à me déshabiller. Je ferme les yeux et je m'imagine être là-bas, dans ce jardin. Je sens l'odeur des lilas dans la chaleur de la nuit.

– Tu commences à me caresser doucement.

– Comme ça ? dit-il en joignant le geste à la parole. Est-ce que je glisse une main dans ta culotte, ou est-ce que j'abrège les préliminaires ?

– Tu prends ton temps pour t'occuper de moi avec tes doigts... Je suis de plus en plus excitée, et je dois me retenir de faire du bruit pour ne pas attirer l'attention des passants à l'extérieur du jardin...

– Le risque d'être surpris te fait peur et t'excite à la fois...

– Oui, c'est ça...

Nous continuons à parler tous les deux, chuchotant comme si nous ne voulions pas être découverts, imaginant que nous sommes vraiment dans ce parc, et nous faisons l'amour en même temps. C'est fou comme c'est excitant, de mêler le fantasme à la réalité... ! Plus notre parole se libère, plus la chaleur monte dans mon bas-ventre, et je m'abandonne finalement à un orgasme beaucoup plus violent que ceux que j'ai connus jusqu'à présent. L'image de Stella et Dimitri passe devant mes yeux comme un flash.

Oui, c'est comme ça que je m'imaginais les orgasmes des héroïnes de romances !

***

Dimanche arrive et nous devons déjà faire nos bagages pour rentrer... Si seulement cette parenthèse avait pu durer un (ou deux ou trois) jour de plus ! Pourtant, je suis contente de revoir Mathilde, mais le travail et la vie quotidienne me paraissent tellement loin !

– Il va falloir qu'on trouve une manière de rapporter cette belle énergie à la maison, affirmé-je à Tristan lors de notre dernière matinée.

– Je me faisais la même réflexion, me confesse-t-il. Je me disais que je pouvais peut-être m'arranger pour que mes parents aillent chercher Mathilde et la gardent tous les mercredis. Eux ont envie de passer plus de temps avec leur petite-fille chérie, et ça tombe bien : moi, j'ai envie de passer plus de temps avec ma petite femme chérie.

Je suis touchée qu'il ait pris les devants et ne me laisse pas tout organiser. C'est agréable de sentir que je ne suis pas la seule à faire des efforts pour que notre couple aille mieux ! Et puis c'est une super idée, ça ravira à la fois mes beaux-parents et notre fille.

– Quand je pense que Mathilde va entrer à l'école en septembre prochain, renchéris-je. J'ai déjà du mal à la voir grandir, tu imagines ce que ça sera quand elle sera adolescente ?

– M'en parle pas, je n'ose même pas y penser.

– Toi, tu es un papa poule, lui dis-je en souriant.

– Et toi, une maman louve ! ajoute-t-il.

– Et réciproquement, dis-je.

– Et vice versa, s'amuse-t-il.

Nous éclatons de rire en chœur.

– On est encore des gosses, pas étonnant qu'on ait du mal avec l'idée qu'elle pousse ! poursuit Tristan.

– Du moment qu'elle s'épanouit comme une belle plante…

– Tu as raison. Elle est tellement lumineuse, notre petit rayon de soleil.

– J'espère qu'elle gardera toujours cette joie de vivre. Elle est pleine d'énergie, mais c'est vraiment que du bonheur.

– Ah ça, on sait bien les faire, les enfants.

– Ça y est, tu recommences à avoir des pensées coquines, plaisanté-je.

– Mais pas du tout, je suis outré ! Je ne pensais même pas à ça, c'est toi qui as les idées mal placées ! fait-il semblant de s'indigner.

– Peut-être un peu… concédé-je avec un clin d'œil. Mais pour en revenir aux mercredis, c'est vraiment une bonne idée. En plus, si tout se passe bien, on pourrait organiser cette garde pendant toute l'année scolaire.

– Comment ça ? me demande Tristan.

– Tes parents, en alternance avec les miens peut-être, pourraient garder Mathilde toute la journée, vu qu'il n'y a pas d'école ce jour-là.

– Ah ouais, c'est vrai, ce serait cool pour tout le monde… Ah la la, j'ai bien fait de t'épouser. Tu penses à tout, mon amour.

Je ne peux me retenir de rire devant tant de flatteries.

– Oui, enfin c'était quand même ton idée à la base.

– C'est vrai, dit-il d'un ton faussement étonné. Tu dois être ravie d'avoir un mari aussi intelligent, alors.

– Oh oui, je suis la plus heureuse des femmes.

Et quand je prononce ces mots, je les pense à cent pour cent. Là, tout de suite, il n'y a pas femme plus heureuse que moi sur cette planète.

20

Hélène

C'est en serrant Mathilde dans mes bras que je réalise à quel point ma fille m'a manqué. Elle est folle de joie de son week-end, et me raconte sans s'arrêter tous les bons moments qu'elle a passés avec ses grands-parents, des petits gâteaux cuisinés avec mamie à la promenade avec papi en passant par le dessin animé vu sur le canapé en pyjama en mangeant du pop-corn. Une chose est sûre, elle ne s'est pas ennuyée !

Les parents de Tristan sont vraiment adorables : ils ont pris plein de photos de ces derniers jours pour qu'on ne loupe rien des petits bonheurs qu'elle a vécus sans nous. Alors qu'on les remercie chaleureusement pour ce week-end, Tristan aborde aussitôt le sujet de notre « projet du mercredi », comme on l'a baptisé. Décidément, ce n'était pas des propos en l'air, il y tient, à notre mercredi ! Et comme prévu, ses parents sont fous de joie à l'idée de passer plus de temps avec leur petite fille chérie. D'ailleurs, ils commencent déjà à parler organisation ! Je crois qu'on peut repartir le cœur léger…

On finit la journée à jouer tous les trois dans le salon. Tristan se laisse complètement aller à s'amuser avec sa fille qui n'arrête pas de nous préparer « pour de faux » des choses à manger. On alterne entre les « Mmmm, c'est délicieux » et les grimaces exagérées « Beurk, c'est dégoûtant ! » et Mathilde éclate sans cesse de rire. Elle est aux anges, et moi aussi. J'ai le sentiment que l'intimité de couple que nous avons retrouvée se ressent sur la qualité des relations qu'on a avec Mathilde. Je n'ai jamais vu Tristan aussi à l'aise avec notre fille.

***

Du coup, quand le lundi matin pointe le bout de son nez après ce week-end génial sur tous les plans, je n'ai, comme prévu, aucune envie de retourner travailler. Je préférerais mille fois rester sous la couette avec mon mari, ou à jouer dans le salon avec Mathilde ! Mais bon, quand faut y aller, faut y aller…

– J'espère que tu as bien rechargé tes batteries, c'est reparti pour un tour de folie ordinaire ! m'accueille Anaïs alors que j'arrive en traînant un peu des pieds.

– Oui, c'était vraiment super de prendre du temps pour nous deux. Nous en avions besoin, et cela nous a fait du bien.

– Tant mieux ! Dans ce cas, le prochain projet tombe à pic.

– Quel rapport entre le prochain événement et ma vie de couple ? m'étonné-je.

Anaïs sourit jusqu'aux oreilles, visiblement contente de son effet d'annonce.

– On va travailler pour *LA* star des relations de couple. Elle sort son premier livre, et c'est nous qui sommes chargés de son lancement ! La maison d'édition veut organiser un petit *event* pour les blogueuses littéraires et autres lectrices influenceuses, et nous a confié son organisation.

– D'accord, mais je ne vois pas de qui tu parles, dis-je en fronçant les sourcils.

– D'Angèle, évidemment ! Je suis super contente de bosser pour elle. J'adore cette fille !

Je réfléchis quelques secondes. C'est vrai que ce nom me dit quelque chose…

– Ah oui, Angèle du compte Insta « Angeliquemaispastrop », c'est ça ? Je crois que j'ai vu passer une ou deux de ses publications, mais je ne suis pas abonnée à son compte.

Anaïs ouvre des yeux ronds.

– Ah la la ! Si tu n'étais pas passée à côté de *LA* fille à suivre de l'année, je t'envierais presque de pouvoir découvrir tous ses posts ! Angèle, c'est mon idole. Une liberté de ton, de paroles ! J'en ai appris des trucs avec elle !

– Il me semble qu'elle ne parle presque que de sexe, non ?

– Elle parle de sexe, de relations amoureuses, de plaisir, de féminisme… Tout est lié ! Il faut absolument qu'on réussisse à lui organiser un événement à sa hauteur !

– Tu es vraiment fan, remarqué-je.

– Oui, et de la première heure. Tu vas avoir des choses à rattraper… Mais promis, juré, tu ne vas pas le regretter. Et si en plus, ça va mieux avec ton mari, tu pourras même profiter de toutes les connaissances que tu vas accumuler dès ce soir !

– À ce point-là ? Alors je fonce me mettre au travail !

***

Quelques heures plus tard, je dois me rendre à l'évidence : Anaïs avait raison.

Déjà, j'ai enrichi mon vocabulaire. Par exemple, je sais maintenant ce qu'est le *humping* (la masturbation sans utiliser ses mains) et j'ai appris que j'avais un gland (c'est ainsi qu'on nomme la partie émergée du clitoris). Ensuite, j'ai beaucoup ri. Quel humour ! Quel don pour les *punchlines* ! Ma préférée ? Quand Angèle raconte comment elle a expédié un mec qui lui avait envoyé une photo non sollicitée de son sexe :

« Je me suis baladée sur ton compte Insta. Tes photos sont vraiment magnifiques… Alors j'y pense, tu pourrais t'appliquer plus quand tu m'en envoies une de ta bite ? »

J'avoue, elle utilise des mots très crus qui ne sont pas les miens, mais sa liberté de ton est vraiment jubilatoire.

Et elle peut être très sérieuse aussi : sur le respect, sur l'importance du consentement explicite (« si t'as pas demandé et que je n'ai pas dit oui, c'est ce que c'est non »). J'ai trouvé dans ses posts de nombreuses informations sur les pratiques sexuelles, et j'avoue que je me suis plus attardée dessus que mon job le réclame, notamment sur la question de la sodomie. Il faut dire que l'envie de Tristan a piqué ma curiosité… Angèle a l'air de bien aimer, mais elle dit aussi qu'on n'est pas obligé. Après tout, les femmes n'ont pas de prostate, ce n'est pas elle qui va nous mener vers la jouissance. C'est toujours ce bon vieux clitoris, et la source du plaisir est donc assez loin quand on passe par là… Donc elle conseille de stimuler le gland en même temps… Mais bon, avant tout, il faut en avoir envie. Angèle conseille aussi de découvrir la chose progressivement, ce qui permet en plus de voir si on aime, et si on a envie d'aller plus loin. On peut toujours dire non.

J'en profite pour découvrir d'autres comptes similaires, et je ne vois pas le temps passer. Quand Anaïs m'interrompt dans mes recherches, on s'approche dangereusement de l'heure du déjeuner.

– Alors ? me demande-t-elle.

– Je comprends, je suis fan aussi. C'est son premier roman donc ?

– Oui, une romance mêlant érotisme et humour. Je trépigne d'impatience, car on nous en a promis des exemplaires avant sa parution.

– Ah oui, quand on est fan, avoir le plaisir de lire un roman en avant-première, c'est fantastique ! renchéris-je. Et ça va nous aider pour trouver le ton de la soirée de lancement. D'ailleurs, on a déjà des détails sur le cadre de l'intrigue ?

– Pas trop. Juste qu'il y a un Irlandais.

– J'adore l'Irlande… Mais il va falloir trouver une manière de jouer avec l'idée sans tomber dans le cliché. Et Angèle a quand même une voix originale et bien à elle.

– Je ne te le fais pas dire ! renchérit Anaïs, trop heureuse que je partage son avis. On va lui concocter quelque chose de spécial.

***

Le soir même, je fais une nouvelle insomnie. Je ne sais pas si c'est parce que j'ai besoin de m'évader, ou parce que je n'arrive pas à le chasser de ma mémoire, mais l'image de Dean envahit mon esprit. C'est peut-être le fait d'avoir lu autant de choses sur le sexe aujourd'hui…

Tristan dort paisiblement à côté de moi, mais j'ose quand même glisser une main entre mes cuisses. J'ai lu des choses sur les différentes manières de stimuler son clitoris, et je meurs d'envie d'essayer. Le fait d'être à côté de Tristan m'intimide et m'excite à la fois… Je me rends bien compte que j'ai souvent des sentiments ambivalents par rapport au fait de risquer d'être prise la main dans le sac, mais je décide de ne pas trop y réfléchir. Après tout, si cela fait partie des choses qui m'excitent le plus, ce serait dommage de m'en priver.

Mes pensées vagabondent et retournent à la soirée avec Dean. Je suis de nouveau seule avec lui dans ce petit salon VIP. Et cette fois, dans mes pensées, j'ai envie d'aller jusqu'au bout. Comment cela se serait-il passé si ça avait été le cas ?

Je l'imagine en train de m'embrasser, puis il me lèche, puis il me prend. Mon esprit fait des va-et-vient entre cette scène et mon corps tel qu'il est en ce moment, avec mes doigts qui s'essaient à d'autres mouvements que ceux que j'ai l'habitude de faire. Une agréable torpeur me surprend et j'en viens à rêver que Tristan se réveille pour me prendre maintenant. C'est fou comme mes pensées peuvent partir dans tous les sens quand j'accepte de ne pas les contrôler ! Mais je ne me vois pas extirper Tristan de son sommeil profond et réparateur pour s'occuper de moi, ce serait égoïste… Et je suis bien capable de le faire moi-même.

21

Tristan

Autant on a tout de suite trouvé un moment avec Mika pour faire la passation du projet à mon retour, autant il aura fallu attendre presque dix jours pour qu'on ait le temps de s'asseoir autour d'une bière après le boulot pour discuter d'autre chose. Il a bien essayé de me soutirer quelques informations entre deux réunions, pour savoir si notre escapade en amoureux avait réussi à relancer la machine, mais ce n'était pas vraiment le moment ni le lieu pour m'épancher sur mon couple… Je ne me vois pas forcément tout lui dire, je n'ai aucune envie qu'il s'imagine Hélène dans certaines positions, mais j'aimerais quand même lui raconter tous les changements qui sont arrivés si brusquement dans notre vie amoureuse – et sexuelle.

– T'as l'air transformé, me taquine Mickaël. On dirait presque que tu es retombé amoureux de ta femme.

– Pas faux, commenté-je. Et elle est retombée amoureuse de moi, surtout. Putain, ça fait du bien de retrouver une vie de couple où il se passe des trucs !

– Tu veux dire où vous baisez comme des lapins… me cherche Mika.

– Ouais, enfin non. On fait mieux que ça. Je sais pas d'où lui viennent toutes les idées qui lui passent par la tête, mais franchement, je m'en fous. J'en profite, elle en profite, on baise et on parle comme jamais on l'a fait. C'est top.

– Ouais, on est très loin de la situation que tu me dépeignais il y a à peine quelques semaines.

– Mais oui, c'est hallucinant. J'adore la tournure qu'ont prise les choses.

– Et parallèlement à ce sexe intense alors, qu'est-ce qui a changé ?

– Eh bien, c'est assez cool de devoir toujours reconquérir sa femme, de ne pas tout prendre comme acquis.

– C'est sûr, admet mon ami. La séduction, c'est super important. C'est le sel des relations. Sans ça, c'est fade !

– Du sel, du piment… et pour rester dans les métaphores culinaires, il y a même une cerise sur le gâteau.

– Ah ouais, et c'est quoi ? me demande mon pote, intrigué.

– En cadeau bonus, on ne fait plus l'amour uniquement le samedi soir.

Mika éclate de rire.

– Ah oui, le sexe du samedi soir ! Simple, efficace, confortable, mais terriblement ennuyeux.

Je ne peux qu'être cent pour cent d'accord avec lui.

– C'est exactement ça. On commence par ne faire l'amour que le samedi, car c'est le moins coûteux en termes d'effort et d'énergie, et quand on se rend compte que c'est devenu une mauvaise habitude, il est trop tard.

– Et donc, maintenant, vous avez réussi à rompre le cercle vicieux ?

– Mieux que ça : on a trouvé un moyen de raviver la flamme.

Je réalise que je parle comme les types (et les femmes certainement aussi) qui ont écrit les fameuses lettres qui étaient dans la boîte. Mais je ne vais pas évoquer ce point-là avec Mika. Il n'a pas besoin de tout savoir – et moi, je n'ai pas envie de tout dire.

– Mais la vraie récompense, reprends-je, c'est la manière dont Hélène me regarde.

– Ah ouais ? m'interroge Mickaël.

– Tu peux pas imaginer… Ses yeux sont tout le temps emplis de désir… Ça me rend complètement fou.

– Tu as l'air bien accro, en effet.

– Je ne veux pas perdre ça. Et comme je te le disais, je ne veux plus rien prendre pour acquis. Alors je suis prêt à faire le chevalier et à brandir mon épée pour la reconquérir. Jeux de mots et allusions coquines inclus, précisé-je, le sourire aux lèvres.

– Je n'en attends pas moins de toi !

***

Je sais bien que ce n'est pas si facile de trouver un moment « à deux » dans nos vies quotidiennes, alors je me suis creusé la tête pour lui proposer une solution. Résultat : je n'ai rien trouvé… Mais on sera peut-être plus ingénieux à deux ?

Je profite d'un soir où Mathilde s'est endormie pas trop tard pour lancer le sujet.

– J'ai envie qu'on trouve un moment où l'on soit sûrs de prendre un temps pour nous, me lancé-je, alors qu'on est blottis l'un contre l'autre sur le canapé. Je veux dire, en plus du mercredi. Un jour un peu spécial, où l'on se rappelle les engagements qu'on a pris devant la cheminée.

– Du genre, se réserver un jour par mois pour une soirée en amoureux ? m'interroge Hélène, qui a l'air agréablement surprise par ma proposition.

– Exactement. Sauf que je ne veux pas que ce soit trop planifié, style « tous les premiers samedis du mois ».

– Toi et ton problème avec les samedis, ne peut-elle s'empêcher de me taquiner.

– Ouais, assumé-je avec un sourire en coin. La régularité, c'est bien, la routine, c'est le mal absolu. Je ne veux pas que tu couches avec moi parce que c'est le premier samedi du mois, mais parce que tu as envie de moi. Bon, j'ai conscience que c'est un peu contradictoire de vouloir « fixer un moment », dans ce cas, mais je sais pas… J'aimerais qu'on ait ce jour « disponible » pour passer du temps rien que tous les deux, si on en a envie sur le moment.

– Moi aussi, j'ai envie qu'on consacre un moment rien qu'à nous deux, un moment où on peut être sûrs d'avoir du temps l'un pour l'autre… Non, se reprend Hélène, un moment où on décide quoi qu'il arrive de prendre du temps l'un pour l'autre.

– Un moment où on se réjouit de se revoir… et surtout, qu'on va attendre impatiemment ! Et tout ce temps où l'on devra patienter, on sentira le désir monter…

– En s'envoyant des textos coquins, par exemple…

– En pensant à toutes les choses qu'on va se faire… poursuis-je en me plongeant dans ses grands yeux.

– J'ai une idée ! s'exclame-t-elle soudain. Et si on le tirait tout simplement au sort ?

– Comment ça ?

– Chaque mois, poursuit Hélène, on tire un numéro au sort, qui correspondra au jour de notre rencard. Comme ça, ce n'est jamais le même jour, ça nous oblige à changer le lieu, le genre de rendez-vous, explique-t-elle. Ainsi, on évite la routine !

– Ouais. Mais tu ne trouves pas que ça a un petit côté artificiel quand même ? demandé-je.

Elle hausse les épaules.

– Cela ne me dérange pas. Le principal, c'est de se réjouir du moment qu'on va passer ensemble.

– Tu as raison, renchéris-je.

– Mais je vois un problème, me dit-elle en fronçant les sourcils. Si je tire le un alors qu'on est le premier, c'est difficile d'organiser un mode de garde pour Mathilde à la dernière minute.

– C'est vrai, admets-je. Dans ce cas-là, il faudrait tirer au sort bien à l'avance.

– Oui, acquiesce-t-elle en souriant. Maintenant pour le mois prochain, par exemple.

C'est mignon qu'elle prenne autant au sérieux mon envie de ne pas risquer la routine. Mais il reste une question en suspens.

– Après, ça veut dire qu'il peut y avoir de longs moments d'attente entre deux de ces rencards un peu particuliers…

Rassure-moi, il se passera des choses quand même entre ces rendez-vous câlins coquins à honorer… ?

Hélène rit doucement.

– Tant qu'on fait attention à notre couple, il y aura encore des câlins coquins impromptus, oui… minaude-t-elle.

– Impromptus ? C'est joliment dit, la complimenté-je. Mais nos tête-à-tête, on les appelle comment dans ce cas ? J'aimerais trouver une expression qui montre que c'est un moment un peu particulier. Pas « le jour du sexe » ou « le jour où il faut s'y mettre ».

– C'est vrai que ce n'est pas très vendeur… plaisante-t-elle.

J'ai un flash.

– Et si on appelait ça tout simplement la Saint-Valentin du mois ?

– J'adore !

– Parfait, alors on tire la première date au sort.

– Maintenant ?

– Oui, tout de suite !

Je vais rapidement chercher un papier que je déchire en trente petits morceaux, avant de me rasseoir à côté d'elle. Hélène écrit sur chacun un numéro. L'heure du tirage au sort est arrivée ! J'extirpe un chapeau de l'armoire de l'entrée pour y mettre les papiers pliés en quatre.

– À toi l'honneur, proposé-je à Hélène.

– Je veux bien faire la main innocente, dit-elle en me dévorant des yeux.

– Oui, eh bien moi, je vois clair dans ton jeu…

Elle me lance un baiser avant de déplier le numéro gagnant.

– Le douze ! annonce-t-elle fièrement.

– Parfait, ça me laisse du temps pour tout préparer.

– Comment ça ?

– Proposition : tu as tiré le papier, j'organise tout. De la garde de Mathilde à la soirée elle-même. Je te surprends, ou je te demande, on verra à chaque fois, mais je m'en occupe. La prochaine fois, je tire le papier et ce sera ton tour de chapeauter la soirée.

– Excellente idée, applaudit-elle.

Je n'aurais jamais pensé de ma femme qu'elle puisse s'enthousiasmer autant à l'idée de préparer un rendez-vous pour faire l'amour. Et ce n'est pas moi qui vais m'en plaindre !

J'ai de la chance, le douze, c'est dans moins de deux semaines. Ça va arriver ni trop vite, ni trop lentement ! On peut titiller la curiosité sans qu'elle ait le temps de retomber. D'ailleurs, pendant la semaine qui suit, je sens qu'Hélène est curieuse, et je vois que cette attente change nos rapports au quotidien. Elle me fait des œillades, me couvre de baisers pour en savoir plus, mais je ne craque pas : ce faux chantage est un jeu, et il nous amuse tous les deux.

Alors que nous faisons l'amour, elle me susurre des questions dans l'oreille :

« Tu me lécheras de cette manière aussi le douze ? »

« Est-ce que tu voudras que je monte sur toi le douze ? »

Elle arrive à trouver les mots qui font monter l'excitation. Je la regarde droit dans les yeux, je lui dis que je ne lui répondrai pas et elle m'embrasse à pleine bouche.

Le rêve.

***

Et la fameuse date est enfin arrivée. J'ai tout prévu : j'ai acheté des bougies, non, je me suis ruiné en bougies, mais j'ai hâte de voir la tête qu'elle fera quand j'en aurai mis partout dans le salon. J'ai trouvé un fleuriste qui pouvait me vendre des pétales au kilo pour faire un chemin de l'entrée au salon que je vais relooker façon… je ne sais pas trop en fait… mais histoire de se sentir dans un épisode de *Game of Thrones* ou équivalent. Ou presque, car je me mets torse nu, mais je garde mon jean. Je ne me voyais quand même pas investir dans des leggings.

J'ai un peu poussé les meubles, installé la couette, et posé dessus une couverture aux motifs ethniques qu'on avait rapportée d'un de nos voyages d'étudiants. J'ai fermé les volets, fait brûler de l'encens pour l'odeur, mis et allumé des bougies partout, tracé le chemin de pétales de fleurs et enfin, elle est arrivée.

Elle en a lâché son sac à main par terre, et s'il n'avait pas fait si sombre, je pense que j'aurais vu ses yeux briller.

– Viens là ma reine, lui dis-je en refermant la porte derrière elle.

Doucement, je la déshabille et lui passe un peignoir en satin spécialement acheté pour l'occasion.

– Je n'avais jamais pensé qu'on pouvait vivre ça ailleurs que dans des films, murmure-t-elle d'une voix rauque.

Apparemment, c'est réussi : je lui fais l'effet escompté !

– Tu es tellement belle, lui chuchoté-je dans le cou.

Je la sens frissonner, et mon sexe commence à durcir.

Je l'emmène sur la fameuse couverture et elle se laisse faire.

– J'ai envie de te faire l'amour très lentement, en prenant le temps de redécouvrir toutes les parcelles de ton corps. Est-ce que tu en as envie aussi ?

Elle acquiesce en silence.

– J'ai envie de te rendre hommage, à toi et à ton merveilleux corps qui me donnez autant de plaisir, dis-je en commençant à la caresser.

– J'ai envie de te faire l'amour, moi aussi.

Je sens qu'elle ose me dire ce qu'elle ressent, et j'avoue que je ne m'en lasse pas. C'est con, mais je suis fier qu'elle arrive à me dire à moi ce qu'elle veut, ce qu'elle désire, ce qu'elle ressent. C'est de la fierté mal placée, parce qu'elle le fait aussi pour elle, mais elle le fait avec moi, et à mes yeux, ça compte énormément.

– Avec plaisir.

– Tout le plaisir sera pour moi, me dit-elle d'un air coquin.

– Oh, il sera partagé, n'en doute pas.

Nous commençons doucement. J'embrasse sa main, et à son tour, elle embrasse la mienne. Je dépose de petits baisers sur son poignet et je remonte le long de son bras, elle fait la même chose. Ça me chatouille un peu, mais c'est agréable. Et je n'ai pas le souvenir qu'elle ne m'ait jamais fait ça auparavant.

Nous continuons notre exploration, la ponctuant de mots d'amour. Je n'aurais jamais pensé me dire ça un jour, mais qu'est-ce que c'est agréable de prendre le temps… ! Et finalement, c'est elle qui craque avant. Elle écarte ses jambes et m'invite d'une voix douce, rauque, mais décidée :

– Viens ! Prends-moi !

Comment résister ? Pourquoi résister ? J'accepte sans discuter son invitation.

22

Hélène

J'ai repris rendez-vous avec Christelle, et pas seulement parce que je dois lui rendre sa boîte. Il y a des questions qui reviennent régulièrement… Une surtout : pourquoi est-ce que je n'arrive pas à tirer complètement un trait sur l'attirance que j'ai ressentie pour Dean ? J'ai bien vu la dernière fois que mes pensées ne restaient pas forcément sur lui, mais il n'empêche que j'y pense toujours. Et si ça m'arrivait à nouveau ? Et si la prochaine fois, le désir que je ressens pour un autre homme que Tristan devient si fort que je craque ?

Évidemment, je sais qu'en théorie, on peut être attiré par quelqu'un d'autre. Sur une vie, bien sûr qu'on peut être tenté d'aller voir ailleurs. Mais comment un couple pourrait-il survivre à un désir d'une telle force ? Et moi, comment est-ce que je pourrais me rassurer à ce sujet… ?

Ça me fait d'autant plus peur que je suis en train de retrouver Tristan ! On est intimes et complices comme on l'a rarement été auparavant. Je me demande même si on n'est pas plus proches que quand on s'est mariés. En tout cas, on se désire comme jamais, et on se connaît mieux. J'ai envie de continuer à resserrer les liens avec lui, mais j'ai aussi tellement la frousse que tout cela puisse disparaître d'un coup ! Alors je m'en remets à Christelle : elle a toujours été de bon conseil jusqu'à maintenant… et j'espère qu'elle le sera encore !

Mon amie m'accueille dans son bureau qui ressemble de plus en plus à un cabinet.

– Tu as vu, moi aussi, j'ai bien avancé, commente-t-elle avec humour.

– C'est très chouette en effet, confirmé-je en appréciant le côté cocon tranquille qu'elle a réussi à donner à la pièce. Un vrai bureau de pro ! Rien que l'ambiance cosy et apaisante, ça donne envie de se confier à toi ! Et d'ailleurs… j'ai, ou plutôt Tristan et moi avons terminé les enveloppes de la première boîte.

– Ton sourire parle de lui-même, observe Christelle avec bienveillance.

– Les lettres qu'elle contenait nous ont bien permis de nous retrouver avec Tristan, poursuis-je. Mais, d'après ton expérience, est-ce que tu penses que la petite flamme va toujours rester allumée maintenant ?

Je triture nerveusement mes mains, dans l'attente de sa réponse.

– Peut-être pas en continu, non, mais je ne doute pas que vous aurez des idées pour la raviver. Je suis certaine que tu as appris plein de choses sur ton propre désir.

– Oui, c'est sûr.

– Si tu devais faire un petit bilan, qu'est-ce que tu retiendrais principalement ? me demande-t-elle.

– Ce qui a vraiment changé du tout au tout, réponds-je après un temps de réflexion, c'est le fait de découvrir que je pouvais retrouver l'envie dans l'attente, dans l'échange.

– C'est une nouvelle manière de communiquer qui s'est créée ?

– Oui, tout à fait. Au début, je me disais qu'en parler, ça allait briser le charme, mais non, c'est le contraire qui s'est produit.

– Ce sont des inquiétudes légitimes, car c'est toujours risqué d'essayer quelque chose de nouveau. Mais tu sais maintenant que le désir ne se nourrit pas seulement de mystère. Ou plutôt, qu'on peut trouver en soi-même et en l'autre des mystères à découvrir, des terres à explorer.

– Oui, et c'est là que le bât blesse, poursuis-je, hésitante.

– Comment ça ? m'interroge doucement ma coach.

– Mes désirs me font un peu peur. Je ne voudrais pas ouvrir la boîte de Pandore, confessé-je.

– Tu parles de tes fantasmes ?

– Oui… non… je ne sais pas trop comment les nommer, encore moins si je suis vraiment prête à les assumer…

– Tu te souviens de notre première discussion à ce sujet, sur la différence entre envie, désir, fantasme ? me demande Chris.

– Oui, et c'est vrai qu'elle sonne différemment maintenant. C'est moins abstrait. Et je sais que les fantasmes ne sont pas forcément à partager ou à réaliser. Alors qu'on gagne à partager ses envies, ses désirs.

– N'oublie pas en effet que tes fantasmes t'appartiennent. Ils sont l'expression sexuelle de besoins qui ne sont pas purement sexuels à la base. Par exemple, ils peuvent être la traduction d'un besoin de sécurité, d'un manque de confiance en soi à combler, de difficultés à lâcher prise. En cela, ils sont particulièrement intimes, et leur portée dépasse les relations du couple.

– Qu'entends-tu par là ? lui demandé-je en fronçant les sourcils.

– Les fantasmes ne se contrôlent pas. Ils sont l'expression de conflits internes ou de manques à combler, ils sont dictés par l'inconscient. Donc si tu te penches sur eux, tu peux en apprendre sur toi. Dans les fantasmes courants, par exemple, on peut imaginer que l'on est un séducteur ou une séductrice, et que personne ne peut nous résister. Dans ce cas, cela peut être une manière de prendre le contre-pied d'un manque de confiance en soi… Mais ce fantasme de faire tourner les têtes de tout le monde ne sera plus efficace, ou même s'effacera, si on prend confiance en soi.

– Mais je n'ai pas forcément envie de décortiquer mes fantasmes, dis-je en pensant aux fois où je me suis caressée en ayant en tête un autre homme que mon mari.

– Tu n'as absolument pas besoin de comprendre pourquoi tu les as. Tu peux simplement les accepter comme des messagers de ton inconscient pour te faire du bien.

C'est sûr qu'ils me font du bien et qu'ils sont efficaces, puisqu'ils m'aident à jouir…

– De la même manière, tu peux décider d'avoir envie ou

non de les concrétiser, cela n'enlèvera rien à leur fonction.

– Leur fonction ?

– Celle de compenser un manque, de régler un conflit intérieur, me rappelle Christelle.

– Je vois. Mais les fantasmes ont toujours un sens caché alors ?

– Eh oui... et ils peuvent même en avoir plusieurs, confirme ma coach.

– Donc si mes fantasmes « s'effacent », comme tu dis, je n'aurai plus de fantasme ? m'inquiété-je soudain. Ça m'embêterait... C'est quand même génial d'avoir ces petits scénarios érotiques qui pimentent et nourrissent les envies !

Chris sourit doucement.

– Ne t'inquiète pas pour cela ! Tu auras toujours des fantasmes ! Ils changent en fonction de ce qu'on a dans la tête à ce moment-là... Et l'esprit a toujours des idées de choses à changer ou à améliorer ! La vie est un perpétuel mouvement, et nous pouvons nous adapter à tous les changements.

– Tu me rassures... Non, décidément, je n'arrive pas à imaginer pouvoir m'en passer. J'ai une autre question : j'ai bien compris que mes fantasmes peuvent changer en fonction de mon état intérieur, mais qu'est-ce qui se passe si je les réalise pour de vrai ?

– Si ton partenaire en a envie, c'est super !

– Mais je ne risque pas de me retrouver sans fantasmes ?

– Le réaliser ne lui fait pas perdre son pouvoir érotique, affirme Christelle. Le scénario que tu auras fait continuera à t'exciter, et tu pourras avoir envie de le refaire. Donc pour en revenir à tes inquiétudes, ce qui est important, c'est ce que toi, tu as envie de partager d'un point de vue sexuel avec Tristan.

– Mais réaliser mes fantasmes n'est pas dangereux en soi.

– Pas dans l'absolu, non, me rassure Christelle. Et surtout, pas s'ils sont partagés, si les deux en ont envie, se font confiance, ont envie d'essayer.

– Donc on peut toujours en parler ?

– En théorie, oui, mais c'est parfois le plus risqué en fait. On ne sait pas comment l'autre va accepter son fantasme. Parfois, on peut être choqué par ce dont l'autre a envie. Mais il faut se rappeler que si on ne contrôle pas ses fantasmes, on est maître de ce qu'on en fait.

– Comment ça ?

– Tu peux avoir envie de faire l'amour avec un inconnu, mais tu ne veux pas tromper ton mari. Tu peux avoir le fantasme de faire l'amour sur une scène devant tout le monde, mais ne pas avoir envie de le réaliser.

– Jusque-là, je te suis, acquiescé-je en hochant la tête.

– Si ton partenaire te dit qu'il a envie de faire l'amour avec une autre femme que toi, ou qu'il a envie de te voir faire l'amour avec un autre homme, tu peux être choquée qu'il puisse penser à des choses pareilles.

– Ça, c'est sûr…

– Mais pourtant, cela n'a rien à voir avec toi. Ce sont ses idées dans sa tête. Ce qui ne va pas, c'est s'il veut te les imposer, ou s'il n'arrive plus à avoir de rapports sexuels sans y penser. Mais dans les fantasmes, ce n'est pas l'intention qui compte. Chacun a le droit d'avoir les envies qu'il veut dans sa tête.

– Pas de jugement, me rappelé-je, mais ce n'est pas toujours évident… C'est comme une prise de risque que l'on prend en connaissance de cause, formulé-je presque plus pour moi que pour ma coach.

– Oui, tout à fait. Et Tristan et toi vous avez appris à communiquer à ce sujet. Vous vous faites plus confiance.

– Oui, je sens qu'on peut parler de tout cela beaucoup plus facilement maintenant, acquiescé-je.

– Et rappelle-toi, tes fantasmes n'ont pas besoin d'être originaux ou exceptionnels. On commence à fantasmer au moment où on a envie de quelque chose de différent, que l'on ne trouve pas chez l'autre à ce moment précis.

– Pourtant, ce fantasme, c'est bien avec mon partenaire que j'ai envie de le réaliser, objecté-je.

– Bien sûr, mais l'idée vient de ce que toi, tu as dans la tête, de tes envies, me rappelle Christelle. Cette distinction est d'ailleurs à l'origine de certaines infidélités : on a des envies qu'on ne peut pas réaliser avec son partenaire. Par exemple, on a envie qu'il nous prenne sauvagement, lui qui est si doux d'habitude…

– C'est ça qui me fait peur aussi… Et si j'avais envie de trouver tout ça ailleurs ?

On arrive au fond du problème. Comment interpréter dans tout cela mes envies d'aller voir ailleurs parfois ?

– Cela peut en effet arriver, admet Christelle.

Ce n'est absolument pas la réponse que je voulais

entendre, car elle confirme que mes questions sont justifiées.

– J'ai du mal avec cette idée-là. J'ai peur qu'un jour, je ressente tellement de désir pour quelqu'un d'autre que mon mari, que je finisse par le tromper.

– Peut-être que cela arrivera un jour… peut-être pas… peut-être que ça arrivera et que ce n'est pas ça qui vous éloignera… Laisse le temps au temps, aie confiance. Vous venez de vous retrouver avec ton mari, vous êtes en train de vous redécouvrir, vous venez à peine d'emprunter une nouvelle route ensemble… Attends de voir où le chemin vous mène avant de t'inquiéter.

– Tu as raison.

– D'ailleurs, pour vous accompagner sur cette route, j'ai quelque chose pour toi. Maintenant que vous avez renoué le contact, que vous avez confiance l'un dans l'autre, que vous vous respectez suffisamment pour vous écouter, vous pouvez avoir la deuxième boîte.

– Il y a des enveloppes avec des messages numérotés, comme la précédente ?

– Pas exactement, car ce sont des cartes qui ne sont pas numérotées, et qui ne sont pas cachées. Tu peux choisir de les lire et d'en choisir une, ou alors tu peux en tirer une au sort. Toi ou vous, selon vos envies du moment.

– Et je peux demander ce qu'il y a dessus, en général je veux dire, pour ne pas gâcher l'effet de surprise ?

– La boîte contient des jeux érotiques de tout type, m'explique Christelle, des questions, des propositions. Maintenant que Tristan et toi arrivez à parler de sexe, de vos désirs, de vos envies, vous pouvez vous poser des questions intimes, vous demander si vous voulez essayer telle ou telle pratique !

Je saisis la boîte qu'elle me tend. J'ai hâte de la montrer à Tristan… mais je me dis qu'il vaudrait peut-être mieux attendre notre prochaine Saint-Valentin du mois pour avoir le temps de l'explorer tranquillement.

23

Hélène

Lorsque je rentre à la maison, Tristan est en train de jouer dans le salon avec Mathilde. Moi aussi, je suis d'humeur joueuse, et j'ai très envie de me joindre à eux. Mais j'ai aussi hâte de découvrir avec Tristan notre nouvelle boîte à trésors, je voulais attendre, mais je ne suis pas sûre de pouvoir…

– Bonsoir mes amours ! leur lancé-je, encore dans l'entrée.

– Maman ! crie Mathilde en se précipitant vers moi.

– Bonsoir ma chérie ! Tu as passé une bonne journée ? me demande Tristan.

– Très bonne, regarde ce que je rapporte, dis-je en extirpant la boîte d'une main de mon sac tandis qu'avec mon autre bras, je serre très fort ma petite fille chérie contre moi. Je cache très vite la boîte avant que Mathilde ne la voie et pose des questions à son sujet. Mission réussie, elle repart dans le salon en courant et en criant.

– Viens jouer à la dînette avec nous maman !

– C'est ce que je pense ? me chuchote-t-il quand je m'assois à côté d'eux.

– C'est la boîte suivante.

– Cool… Et on l'ouvre quand ? reprend-il, une lueur d'envie dans les yeux.

– Je voulais l'ouvrir à notre prochain rendez-vous, mais en fait…

– Tout à l'heure ? suggère Tristan en finissant ma phrase.

J'acquiesce d'un hochement de tête.

– Cool. Très, très cool, dit mon mari en me caressant le visage.

– Arrêtez de parler tous les deux, nous ordonne Mathilde. Le dîner est prêt, il faut mettre la table.

Tristan éclate de rire.

– Oui, ma chérie, tu as raison. Alors, qu'est-ce qu'on doit faire ?

Mathilde nous fait mettre le couvert tandis qu'elle nous cuisine un bon repas. J'aime tellement ces moments tous les trois ! Finalement, je crois que je suis devenue plus joueuse, et qu'il n'y a pas que dans mon couple que cela m'aide à m'épanouir. Je jouais déjà avec ma fille avant, mais plus parce qu'il fallait le faire, je me forçais un peu. Maintenant, je le vis moins comme une contrainte, et je peux profiter pleinement de ce moment partagé. C'est fou comme je me sens plus légère !

Ce soir, ma fille a décidé que c'est elle la maman, et cela m'amuse de me reconnaître en miroir dans les phrases qu'elle me dit.

– Il va falloir bien manzer, et aussi les haricots. Et pas que les gâteaux.

– Mais je veux du gâteau ! m'écrié-je. J'aime le gâteau au chocolat !

Tristan se retient d'éclater de rire devant la mine sérieuse de Mathilde et mon air outré. Je décide d'en rajouter et de faire un caprice.

– Je veux, je veux, je veux !

– On dit pas « Ze veux », c'est pas beau ! s'insurge ma fille.

Elle a bien raison… Allez, il est temps de jouer l'enfant sage !

– Bon d'accord. S'il te plaît, est-ce que je peux aussi avoir du gâteau.

– D'acco'd, cède Mathilde. Tu as dit le mot mazique.

Mathilde jette des petits coups d'œil à son père, histoire de vérifier qu'elle a bien toute son attention. Il n'a d'yeux que pour nous.

– Ah bah ouais, si elle a dit le mot magique, alors, s'amuse Tristan.

– On dit pas « ouais », c'est pas zoli, le reprend Mathilde.

C'est à mon tour de refréner mon envie de rire.

– Oui, tu as raison, ma chérie, concède-t-il avec le sourire.

– Alors, un peu de gâteau pou' toi, et un peu pou' toi, poursuit-elle en faisant mine de nous servir.

– Merci, crions-nous en chœur.

– C'est bien, conclut Mathilde, visiblement satisfaite de la leçon qu'elle nous a donnée.

Tristan et moi nous jetons un regard en coin. On est bien, tous les trois…

***

Quelques heures plus tard, après avoir passé le dîner à se lancer des œillades coquines, mais sans avoir sacrifié les rituels de coucher de Mathilde, nous nous retrouvons tous les deux enfin seuls. Je vais rapidement chercher la boîte que j'avais cachée dans la table de chevet attenante à notre lit... Non pas que j'eusse vraiment peur que Mathilde tombe dessus et lise son contenu, mais plus parce que j'aime l'idée que c'est un trésor précieux et intime, et qu'il faut donc le mettre en lieu sûr, et le choyer, comme notre amour.

Quand je reviens dans le salon, je m'assois sur le canapé à côté de Tristan qui trépigne visiblement d'impatience.

– Dis-m'en plus ! me demande-t-il. Qu'est-ce qu'il y a dans la boîte, cette fois ?

– Je n'en sais pas tellement plus que toi, lui réponds-je. Des suggestions, des propositions, des questions...

– Ouvre-la alors !

À l'intérieur, nous découvrons une enveloppe contenant une lettre, suivie d'une multitude de cartes en papier bristol d'un blanc brillant, vierges d'un côté, et avec du texte écrit de l'autre. D'un accord tacite, nous commençons par lire la lettre, évidemment signée par les Raviveurs de Flamme.

Cher couple,
Parfois, vous êtes en quête d'inspiration.
C'est ce que vous trouverez dans cette boîte.
À vous de voir si vous voulez choisir une des nombreuses pistes proposées, ou si vous préférez que le hasard prenne la décision pour vous.

Nous vous souhaitons beaucoup de belles découvertes et de nouveaux plaisirs…

C'est très alléchant.

– Qu'est-ce qu'on fait ? On tire au sort ou on choisit ? demandé-je à Tristan.

– On tire au sort, dit Tristan en attrapant une des cartes avant de lire les questions écrites en caractères gras.

Quels sont tes rituels ?
Quelles sont tes routines ?

– Je ne comprends pas trop la différence entre les deux, commenté-je.

– Attends, il y a des explications au-dessous.

Les rituels sont les petites choses qui donnent envie de faire l'amour, qui créent le cadre propice à l'intimité et au plaisir…
Les routines sont toutes celles qu'on a pris l'habitude de faire parce qu'elles étaient efficaces, mais qui sont devenues ennuyeuses.
Qu'est-ce qui est routine pour vous ? Qu'est-ce qui est rituel ? Lesquels voulez-vous essayer, continuer, changer ?

– Ah bah moi aussi, je vois mieux comme ça. Nous avions la routine de ne faire l'amour que le samedi, s'exclame Tristan.

– Et puis on fait toujours l'amour dans notre lit… ajouté-je.

– Ou presque… pas faux ! Tu voudrais changer ça ?

– Le lit, c'est le plus pratique, le plus confortable… et le plus intime aussi, vu qu'on habite pas tout seuls… mais c'est vrai que parfois, j'aimerais bien faire l'amour ailleurs.

– Je le note, dit Tristan en faisant mine de le noter dans un carnet imaginaire. C'est pas exactement la question, mais dans les petits trucs que j'aimerais bien faire autrement, je mettrais bien de la musique pour faire l'amour.

– Ah bon ?

– Ouais, faire ça en rythme, et tout… Mais je veux aussi faire la playlist : j'ai aucune envie de me retrouver à écouter tes chansons de rap, me taquine-t-il.

– Moque-toi, moque-toi, toi aussi tu as ton mauvais goût ! répliqué-je en rigolant.

– OK, j'arrête. Sinon, pour en revenir aux rituels : moi, j'adore faire l'amour le soir. Ça m'aide à m'endormir et à faire de beaux rêves après. Et je rêve de toi évidemment, ajoute-t-il avec un sourire charmeur.

– J'espère bien ! lui dis-je en lui lançant un clin d'œil. Mais tu vois, pour le coup, c'est plus une routine à mes yeux. J'aime bien faire l'amour le matin, l'après-midi… pas toujours le soir !

– Je ne savais pas. Comme quoi, ça vaut toujours le coup de demander ! plaisante Tristan.

– Avant, j'aimais bien quand tu me massais avant de faire l'amour. Mais je réalise maintenant qu'on avait donc toujours les mêmes préliminaires. C'est un rituel qui était devenu une routine.

– Content que tu voies aussi les choses comme ça, me confie Tristan. C'est vrai qu'à la fin, ça finissait par me peser.

– À moi aussi, mais je n'osais pas te demander autre chose, autrement.

– Tu connais ma position sur le sujet, j'adore quand tu oses demander…

On passe une bonne partie de la nuit à dresser la liste de nos rituels et de nos routines, réalisant nos points communs et nos différences. Ce sont elles qui nous enrichissent le plus finalement, car c'est grâce à elles que nous ne faisons pas toujours l'amour de la même manière. D'ailleurs, toute cette discussion nous a mis en appétit, et nous terminons par une jolie partie de jambes en l'air. C'est fou comme le fait de prendre les choses au sérieux nous a permis de retrouver une nouvelle spontanéité ! Je n'aurais jamais cru que les choses se passeraient ainsi.

***

Le lendemain, je continue à penser à cette conversation. C'est tellement la même chose dans la vie ! Il y a les rituels qui sécurisent et les routines qui encrassent. Le café du matin me fait du bien, l'habitude de jeter un coup d'œil sur les réseaux sociaux à peine levée est une routine qui enferme. J'ai envie de changer des petites choses dans mon emploi du temps et de laisser plus de place à la spontanéité.

D'ailleurs, j'ai envie de m'y mettre dès maintenant.

– Et si on allait manger une glace ? proposé-je sur un coup de tête à Mathilde, à la sortie de l'école.

Le printemps est arrivé à Paris, et c'est une de ces fins d'après-midi où la chaleur est douce et la luminosité agréable.Alors pourquoi ne pas rendre ce début de soirée encore plus doux ?

– Oui ! s'enthousiasme ma fille. Ze veux une glace au s'ocolat ! Moi, y adore le s'ocolat ! Ze veux plein de s'ocolat !

J'éclate de rire. Décidément, ma fille a bien vite oublié les « grands principes » dont elle nous rabâche les oreilles quand elle joue à la maman !

– Je vois ça ! Mais je n'avais pas prévu de sortir, et je n'ai pas la poussette.

– Ze peux marsser. Ze suis grande.

– Oui, ma chérie, tu es grande… et tu ferais tout pour du chocolat !

– Oui ! Z'aime le s'ocolat !

– Alors en route !

Et c'est ainsi que nous partons main dans la main jusqu'au prochain jardin public, car je sais qu'il y a une boulangerie qui vend des glaces faites maison juste à côté.

Comme c'est bon de se laisser porter par les envies du moment !

24

Hélène

Maintenant que je découvre la spontanéité, c'est tout un monde qui s'ouvre à moi, et j'ai l'impression de foisonner d'envies nouvelles ! Alors pourquoi ne pas les assouvir… dès aujourd'hui ? Ça fait des lustres que je ne me suis pas acheté de lingerie, par exemple… Et si j'allais faire un tour dans une boutique spécialisée ?

Je profite du fait que je termine tôt ce mercredi pour aller faire des emplettes. En plus, je n'ai pas à aller chercher ma fille qui est chez ses grands-parents. D'ailleurs, j'ai pris goût à nos mercredis soir tous les deux avec Tristan. On ne fait pas forcément des choses exceptionnelles, on en profite même parfois pour régler des corvées et avoir plus de temps le week-end, mais on essaie vraiment que ce soit un moment privilégié. On a réussi à ne pas faire du mercredi le « nouveau samedi », le nouveau jour où l'on se sentirait obligé de faire l'amour. En gagnant en liberté, nous avons aussi gagné en souplesse. Et désormais, je me réjouis toujours de voir arriver le mercredi, et ces quelques heures que je vais passer seule avec mon chéri !

Avant de rentrer, je fais donc un crochet par le centre commercial pour essayer de trouver mon bonheur. Mais à peine entrée dans le magasin, la timidité me gagne : ça fait beaucoup de frous-frous et de dentelle ! Comment je vais m'y retrouver, là-dedans ?

– Je peux vous aider ? m'interroge une vendeuse qui a dû voir que j'étais mal à l'aise et essaie de me faire me sentir mieux.

– Non, non, je regarde d'abord.

Mais en fait, je suis un peu perdue. Je ne sais pas trop ce dont j'ai envie. J'ai toujours détesté les strings, et je n'ai aucune envie de réessayer, mais j'aimerais bien trouver quelque chose de sexy. Plus exactement, je voudrais trouver de la lingerie dans laquelle je me sens irrésistible.

Je réalise en regardant toutes les coupes que ce qui compte le plus, c'est mon propre regard. Sur moi-même, sur mon corps. Je ne me demande pas si Tristan va me trouver jolie dedans, je sais que si moi, je me sens bien dedans, je vais me tenir autrement, être davantage dans la séduction, et qu'il ne pourra que craquer.

Qu'est-ce que ça veut dire pour moi, alors, être sexy ? Pas évident comme question… Ce qui est sûr, c'est que je ne me reconnais pas dans les modèles avec trop de frous-frous. La dentelle blanche ou pastel, ce n'est pas mon truc non plus. Je préfère les couleurs franches, surtout avec l'été qui arrive. Il y a des rouge corail, des vert kaki qui me plaisent bien. Je suis certaine qu'ils vont mettre mon hâle brun en valeur.

Quant à la forme du modèle… Je dois avouer que j'ai envie de trouver le juste compromis entre sexy et confortable. Surtout pour la culotte ! Les ficelles qui rentrent dans les fesses, très peu pour moi ! Je suis convaincue qu'on ne peut se sentir séduisante que lorsque l'on se sent bien.

Je décide de me lancer et d'appeler la vendeuse à l'aide. Elle en est visiblement ravie.

– Que recherchez-vous ?

– J'ai envie de lingerie colorée, mais je ne sais pas du tout quel modèle peut me mettre en valeur…

– Vous préférez les soutiens-gorge avec ou sans armatures ?

– Je n'en ai pas la moindre idée, dois-je lui avouer.

– Alors, essayons les deux ! dit la vendeuse d'un ton enjoué.

Elle est souriante et a l'air d'être contente de se rendre utile.

– Et vous avez déjà pensé à une couleur en particulier ?

– J'aime bien votre corail et votre kaki.

Elle plisse les yeux pour mieux me regarder.

– Bonne idée… Je vous conseillerais le rouge. Il est vraiment sympa, et il vous ira merveilleusement au teint. Vous connaissez votre taille ?

– Je pense, mais je n'en suis pas sûre… Je n'ai pas acheté de lingerie depuis longtemps en fait.

– On va essayer ça, propose-t-elle en attrapant deux modèles de soutien-gorge. Et pour le bas ?

– J'aime être confortable.

– Comme je vous comprends ! Il y a un retour des modèles taille haute, si vous voulez essayer ? Je vous rassure, ils ne font pas du tout culottes de grand-mère ! Mais ils ont un côté rétro très séduisant. Et je vous mets quelque chose de plus classique.

Je passe en cabine.

– Tout va bien ? me demande la vendeuse de l'autre côté du rideau ?

– Oui, lui crié-je.

– Et n'oubliez pas de passer vos vêtements par-dessus les soutiens-gorge ! C'est important de vérifier qu'ils mettent aussi vos seins en valeur quand vous êtes habillée.

– Ah oui, ce n'est pas idiot, murmuré-je avant de poursuivre à haute voix. Merci !

J'essaie les deux modèles et me laisse convaincre par le soutien-gorge avec balconnet. Pour les culottes, j'hésite… Mais comme je ne me suis pas gâtée depuis longtemps, je finis par opter pour les deux !

Je me rhabille, contente d'avoir trouvé ce qu'il me fallait. La vendeuse a un sourire satisfait, et je sens que ce n'est pas seulement à cause de la vente, mais parce qu'elle a tout de suite réussi à me cerner.

– Vous avez besoin d'autre chose ?

– Non, pas vraiment.

– Nous avons actuellement une promotion sur les collants et sur les bas qui tiennent tout seuls.

Les bas qui tiennent tout seuls… J'ai toujours trouvé ça terriblement sexy. Et si je me laissais tenter ?

– Je veux bien voir les modèles.

La vendeuse sort plusieurs paquets : l'un classique, l'autre avec des pois et d'autres fioritures, la troisième version couture… J'adore !

– Je vais prendre celui-là.

– Très bon choix, acquiesce la commerçante.

Je quitte la boutique le sourire aux lèvres : je sais que je vais me sentir super désirable avec tout ce que j'y ai acheté !

***

Ce soir-là, Tristan et moi avons prévu d'aller tester le petit restaurant thaïlandais qui s'est ouvert dans notre quartier.

– Je suis contente qu'on ait pris cette habitude-là, confié-je à Tristan après lui avoir fait part de mes ressentis sur nos mercredis rien qu'à nous.

– Moi aussi. On passe de bons moments, et en plus, je trouve ça vraiment cool qu'on s'y soit engagé et qu'on tienne nos engagements.

– Tu le penses vraiment, ou tu dis ça pour me faire plaisir ? l'interrogé-je, un peu surprise par son enthousiasme.

Quelque part, j'ai du mal à croire que ça lui plaise autant. J'ai toujours un peu peur qu'il ne fasse tout ça que pour mes beaux yeux. Et ce ne serait pas bon s'il se forçait…

– Les deux ! C'est vrai que si, il y a quelques mois, tu m'avais dit que notre couple irait mieux à force de « travail », je ne t'aurais pas cru. Mais finalement, c'est ça qui nous a réappris à profiter de tous les moments qu'on passe ensemble. On a nous-mêmes réinsufflé de la légèreté à notre relation en la prenant plus au sérieux.

Je fonds quand je l'entends parler de cette manière-là.

– Et puis surtout, j'adore quand tu me regardes comme ça. Tu me rends fou. Tu imagines, j'ai l'impression d'être plus sexy que quand j'avais 20 ans, c'est quand même dingue, non ? me lance-t-il avec un sourire dans la voix.

– Ton regard me fait le même effet… avoué-je alors que ses prunelles accrochent les miennes avec intensité. Quand tu me dévores des yeux, je me sens vraiment… belle et désirable.

D'ailleurs, à ce sujet, il ne sait pas encore que je me suis offert de nouveaux sous-vêtements… Je me sens sexy en ce moment, et pas seulement à cause de lui, mais aussi parce que je m'assume plus, que j'assume plus ma sexualité. Et là, je suis tout émoustillée de savoir que je porte des bas qui tiennent tout seuls, et que lui ne le sait pas. J'ai hâte qu'il pose la main sur ma cuisse pour qu'il s'en rende compte, mais il se comporte en gentleman… Alors l'air de rien, en continuant de parler d'autre chose, je prends sa main et la dépose là où je veux qu'elle soit. Il se laisse faire en m'interrogeant du regard d'abord. Puis il lève un sourcil d'étonnement et son sourire finit par s'élargir.

Je relâche mon étreinte et sa main continue seule son exploration. Nos respirations se font plus haletantes. Si je le pouvais, je lui demanderais de me prendre là, maintenant, tout de suite, sur la table.

Mais le serveur nous interrompt et Tristan retire précipitamment sa main.

– Souhaitez-vous un dessert ?

– Non merci, répond-il tout de suite en commençant déjà à enfiler sa veste.

Le serveur s'éloigne, sûrement un peu surpris par notre empressement.

– On le prendra à la maison… me chuchote Tristan à l'oreille.

J'allais dire la même chose.

On règle et on sort précipitamment du restaurant, main dans la main. Nous nous dépêchons de rentrer à la maison sans échanger un mot, profitant de l'intensité érotique de ce simple contact et de notre envie de passer au cran supérieur.

À peine sommes-nous dans l'ascenseur qu'il se retourne vers moi et m'embrasse à pleine bouche. Je me serre fort contre lui, j'ai envie de lui ici, dans l'ascenseur, et je sens son sexe dur à travers son pantalon. Je m'enhardis et y pose ma main.

– Tu veux ?

– Oh oui ! réponds-je.

Alors il appuie sur le bouton pour bloquer l'ascenseur.

Mais au lieu de s'arrêter, l'ascenseur se rouvre au deuxième étage, heureusement vide. Tristan attend que la porte se referme et appuie de nouveau sur le bouton. L'ascenseur ne bouge pas, restant à l'étage, et je sursaute quand une voix nasillarde sort du haut-parleur :

– Allô, c'est Jean-Michel Desgnard des entreprises Durand, que puis-je faire pour vous ?

Tristan et moi retenons un fou rire.

– Rien merci, on va se débrouiller tout seuls.

– Vous n'êtes pas bloqués ? s'étonne notre interlocuteur dans le haut-parleur.

– Non, tout va bien, renchéris-je.

– Il ne faut pas s'amuser à appuyer sur les boutons, hein, sinon ce n'est pas un technicien que je vais vous envoyer, c'est la police ! se fâche le dénommé Jean-Michel à l'autre bout de l'Interphone.

– Désolé, monsieur, s'excuse Tristan qui a vraiment du mal à ne pas rigoler.

– Bonne soirée, messieurs dames, mais arrêtez d'embêter les braves gens qui travaillent.

On entend un clic et on part dans un fou rire.

– Bon, bah, l'ascenseur, c'est carrément mieux dans les films, conclut Tristan.

– Vrai ! Impossible d'avoir la moindre intimité par ici…

– Heureusement qu'on est vite arrivés à la maison.

Quand la porte s'ouvre, nous bondissons hors de l'ascenseur, et tandis que Tristan ouvre la porte, j'enlève ma petite culotte et la lui donne quand il se retourne vers moi.

– Toi, tu me rends fou, me chuchote-t-il tandis que nous pénétrons dans la maison pour reprendre les choses là où nous les avions laissées…

25

Tristan

Cela faisait bien des mois qu'on n'était pas allés au musée. Avant la naissance de Mathilde, on y allait pas mal, mais depuis, c'est seulement quand on la laisse à ses grands-parents, et encore... Pourtant, ces derniers temps, tout semble plus facile, j'ai l'impression qu'on peut tout faire ! Avec Hélène, on est en train de franchir un cap et d'enfin sortir la tête hors de l'eau. Alors emmener notre fille de bientôt 3 ans avec nous au musée... pourquoi pas ? On verra bien comment la petite réagit.

C'est ainsi qu'on part tous les trois en vadrouille pour aller découvrir une expo sur la Chine ancienne, qui s'avère vraiment passionnante. On a toujours eu très envie de visiter ce pays, et cette visite nous donne un petit avant-goût ! Cerise sur le gâteau, Mathilde est toute sage, toute mignonne, et se découvre une véritable passion pour les dragons, surtout ceux qui peuvent voler. Je suis sûr qu'elle tient ça de sa mère : après tout, le personnage préféré d'Hélène dans *GoT* est la « mère des dragons » ! Je sens que la phase dînette touche à sa fin… Va-t-on entrer dans la phase engins volants ou animaux fantastiques ? Je suis curieux de voir comment Mathilde va évoluer, les goûts qu'elle va développer. On n'en est qu'au début de l'aventure avec elle, mais elle grandit déjà si vite ! Pour la première fois, on la dépose à un petit atelier créatif pendant que nous continuons l'expo en amoureux. Elle a l'air ravie de pouvoir bricoler, et nous sommes contents de nous retrouver tous les deux.

Ce qui nous fascine surtout, Hélène et moi, c'est toute la culture taoïste.

– C'est fascinant, n'est-ce pas, me dit Hélène après avoir lu la grande description affichée à côté d'une sculpture. Le yin et le yang, le féminin et le masculin, le froid et le chaud, l'humide et le sec… toujours ces couples opposés. Et pourtant, on a toujours des deux en nous, et les deux sont complémentaires.

– Oui, comme des pôles entre lesquels on oscille, confirmé-je.

D'ailleurs, cette idée de mouvement me fascine. Passer de la terre au ciel, du mou au dur, faire monter l'énergie…

– Tu ne trouves pas que c'est un peu sexuel, tout ça ? chuchoté-je à Hélène sur le ton de la confidence.

– Tu crois ? minaude-t-elle.

– De l'énergie, du mouvement, être actif ou passif… Moi, ça m'évoque d'autres choses…

Mon adorable femme me lance un de ces regards séducteurs dont elle a le secret, coquin, joyeux et pourtant mystérieux.

– C'est vrai que dit comme ça… Il me semble même qu'il existe des livres sur la sexualité du tao.

– Tu m'intéresses, là, déclaré-je.

– On n'a qu'à continuer à se renseigner quand on sera rentrés à la maison, me propose Hélène d'un air mutin.

– Oui, je me vois bien poursuivre cet apprentissage dans notre chambre.

Elle dépose un rapide baiser sur mes lèvres, qui a le goût de trop peu.

– On pourra aussi peut-être passer de la théorie à la pratique, susurre-t-elle à mon oreille, jouant clairement avec mon désir – ce qui n'est pas pour me déplaire, loin de là.

Si on n'était pas dans un musée avec notre fille, je lui sauterais bien dessus.

– Toi, tu fais exprès de me chauffer, dis-je à Hélène.

C'est une constatation, pas un reproche.

– Tout à fait, dit-elle en souriant de plus belle.

***

Le soir, lorsque nous sommes tous les deux dans le lit, je sors mon ordi portable : c'est parti pour les recherches !

– Que fais-tu ? me demande Hélène qui n'a pas l'air très contente que j'allume un écran au lit.

– Je me renseigne sur la voie du tao.

– Ah, d'accord, dans ce cas, je veux bien… me dit-elle tout de suite plus réjouie, en se remémorant visiblement notre conversation de l'après-midi.

Nous entrons « sexe » et « tao » dans le moteur de recherche, et très vite, les premiers résultats apparaissent. Je les regarde en diagonale pour n'y voir que ce qui m'intéresse.

Énergie sexuelle… bla-bla-bla… yin et yang… bla-bla-bla… En gros, on a tous un côté yin, féminin, passif, froid, humide, intuitif, et un côté yang, masculin, actif, chaud, sec, rationnel… Et faire l'amour, c'est échanger toutes ces énergies… Et pour cela, on a un catalogue de positions, qui sont quasiment toutes en lien avec des animaux.

Je ne suis pas forcément branché par le côté spirituel, mais il y a quand même des points qui m'intriguent. À mon avis, ça vaut le coup de continuer un peu sur le sujet.

– Tu en penses quoi ? commencé-je, histoire de tâter le terrain.

– Tu connais ma fascination pour la Chine, me répond Hélène. Et puis il y a un côté découverte de terres étrangères, de manières très différentes de concevoir la sexualité.

– Et ça te parle, à toi ? Parce que moi, je vois pas trop ce que ça apporte, mis à part des noms de positions sexy…

Elle hoche la tête avant de me répondre :

– Oui, ça me parle… Surtout le côté yin et yang.

– Ah ouais ? Explique-moi, j'ai très envie de comprendre.

Il n'y a pas que de comprendre dont j'ai vraiment envie, mais je pense que j'arrive parfaitement à faire passer mon message par mon regard.

– Il y a des fois où je me sens plus yin, et des fois où je me sens plus yang.

– Tu veux dire, des fois où tu as plutôt envie de te laisser faire, et des fois où tu as plus envie de prendre l'initiative ?

– Oui, c'est ça.

C'est intéressant, car d'habitude, je n'ai pas trop l'impression qu'elle soit très entreprenante. Enfin, ce n'est pas exactement ça. Je dirais plutôt que c'est souvent moi qui exprime en premier mon désir, ou alors qu'on l'exprime conjointement, mais qu'elle est rarement la première à dévoiler qu'elle a envie de faire l'amour. Ça a beaucoup changé quand même ces derniers temps, elle s'affirme plus.

– Tu ne dis rien ? me demande-t-elle, presque inquiète.

– J'essaie de comprendre… La vraie question, c'est : est-ce que tu arrives à vivre ces deux aspects-là autant que tu le souhaites ?

– Que veux-tu dire par là ?

– J'aurais eu tendance à dire que tu étais plutôt yin… Enfin, j'ai pas mal découvert ton côté yang récemment. Alors je me demande si tu arrives à être aussi yang que tu ne l'es dans tes rêves les plus fous !

– Touché ! me réplique-t-elle. J'ai beaucoup plus de mal à être yang qu'à être yin.

– Pourquoi ?

– Je ne sais pas exactement… Je pense que c'est une histoire d'éducation. Quand on est une femme, on n'est pas censée assumer nos désirs autant que les hommes. Pourtant, on en a autant ! Le poids de l'éducation, de la morale, je ne sais pas… Même si les mentalités évoluent, j'en ai intériorisé une partie.

– C'est idiot, si tu veux mon avis, commenté-je. Enfin, pas de jugement, on a dit.

– Mais c'est dommage de laisser des préjugés freiner mes envies.

– C'est clair. D'ailleurs, moi, j'adore quand tu me proposes des choses.

– Oui, j'ai bien vu, dit-elle en rougissant presque.

J'adore quand elle a ce mélange de pudeur et de provocation qui la rend si sexy… Et je dois avouer qu'il booste bien mon ego aussi. Je suis flatté d'être celui avec lequel elle ose parler de sexe de manière aussi crue, intime et si excitante. Je l'encourage à continuer à se confier à moi.

– Et donc tu n'as pas été éduquée à prendre les devants, et ça te bloque ? lui demandé-je.

– Je pense.

– Pourtant, tu pourrais le faire avec moi.

– Ça m'est même déjà arrivé, admet-elle.

– En effet, je m'en souviens. C'était cool d'ailleurs, ne puis-je m'empêcher d'ajouter.

L'image d'elle nue allongée sur moi passe devant mes yeux et amplifie mon excitation.

– Tu pourrais oser plus souvent, tu sais, poursuis-je. Enfin, si tu as envie de vivre plus ton côté yang… Moi, je veux bien continuer à explorer mon côté yin.

– Tu es sûr ?

– Tout à fait.

– Même si je t'attache les mains ? m'interroge-t-elle.

Waouh ! Cette question-là, je ne l'ai pas sentie venir ! J'ai dû faire une drôle de tête car son sourire s'élargit tandis qu'elle poursuit :

– Quitte à ce que ce soit moi qui m'occupe de tout et que toi, tu te laisses faire… autant aller au bout, non ?

Je n'avais jamais réfléchi à la question, mais si j'en crois mon sexe dur dans mon boxer, l'idée me séduit complètement.

– Je serais partant, réponds-je d'une voix rauque qui me surprend moi-même.

– D'accord, dit-elle.

Et sans rien dire et sans rien me demander, elle prend l'ordinateur qui était sur mes genoux et le pose sur la table de chevet. Puis elle dénoue la ceinture du peignoir en satin que je lui ai offert, dévoilant son corps habillé d'une petite nuisette que je ne lui connaissais pas. Mais bon, j'ai bien remarqué qu'elle s'était découvert un amour certain pour la lingerie, et même si ça ne m'intéressait pas spécialement avant, la préférant toute nue, je dois dire que j'y ai pris goût. Plus que la dentelle, je crois que ce qui me plaît, c'est de la voir assumer pleinement son corps.

Elle défait le chignon fou qui retenait ses mèches et s'assoit sur moi à califourchon. Je n'ose rien dire, je ne bouge pas de peur de rompre le charme. Je vais la laisser aller au bout de son côté yang… et vivre mon côté yin. Surpris et séduit, je la vois prendre la ceinture de sa robe de chambre. Elle m'intime alors de passer les bras au-dessus de ma tête et de ne plus bouger en posant ses mains sur mes avant-bras. Elle m'interroge du regard et comme je suis d'accord, elle me noue les poignets… Je suis très curieux de savoir ce que ça fait d'être livré à sa merci, et excité aussi.

Je hoche la tête, et elle noue le lien avant de caresser mes bras en partant des mains pour rejoindre mes épaules. Ça me chatouille, mais je me retiens de rire. J'ai l'impression de comprendre pour la première fois ce que veut dire « être troublé », ce mélange de « j'ai envie » et de « je n'ose pas lâcher prise ». Et putain, je pourrais y prendre goût !

– Tes biceps sont trop sexy mon amour, me chuchote-t-elle avant de me mordiller l'oreille.

Elle continue à descendre lentement, doucement, embrassant mon torse. Je suis tiraillé entre l'envie qu'elle descende directement vers mon sexe et celle de profiter tout simplement de ses baisers dont je n'ai pas l'habitude. Je ne dis rien, et je la laisse choisir le rythme.

Enfin elle prend mon sexe dans la bouche et je me laisse aller au plaisir tout en me retenant, car je n'ai pas envie de m'arrêter là. Après une fellation divine, elle remonte, me retire complètement mon boxer et guide mon sexe à l'intérieur d'elle. Elle se cambre, et je sens qu'elle cherche la position qui lui permet de ressentir le plus de sensations. Je me délecte de son excitation.

Je finis par jouir, lâchant complètement prise, mais je sens bien qu'elle n'est pas encore allée jusqu'au bout. Je défais le nœud qui retenait mes mains pour m'asseoir et la serrer fort dans mes bras. Puis je lui murmure à l'oreille :

– Et si on échangeait les rôles ? Allonge-toi et laisse-moi être yang pour toi, lui proposé-je avant de glisser une main entre ses cuisses.

26

Hélène

En faisant un peu de rangement, je suis retombée sur la boîte que j'avais cachée dans le tiroir de ma table de chevet. J'aimerais l'ouvrir à nouveau, en fait. Je ne me vois pas le faire à chaque fois qu'on a envie de faire l'amour, et on vit très bien sans maintenant, mais j'avoue que je me laisserais bien inspirer. Je demande donc à Tristan :

– Est-ce que toi aussi, tu serais tenté de piocher une carte le week-end prochain ?

– Pourquoi le week-end prochain ?

– Pour qu'on ait le temps de pouvoir s'en réjouir…

Son sourire s'élargit jusqu'aux oreilles.

– Avec plaisir, dans ce cas. Je vais pouvoir me demander pendant des heures s'il va falloir que je t'embrasse, que je te lèche ou te mordille, me chuchote-t-il en me prenant par la taille.

– Commence par m'embrasser, lui demandé-je en posant mes lèvres sur les siennes.

Il ne se fait pas prier, et la discussion se termine sous la couette. Décidément, la flamme peut être allumée à plein de moments différents maintenant. Et un rien suffit parfois pour souffler de nouveau sur les braises.

***

Samedi arrive, et la tension est montée entre nous. Nous avons échangé quelques messages coquins, nous disant sous couvert d'hypothèses les choses que nous aimerions nous faire le jour J. Nous nous réjouissons ensemble de pouvoir piocher dans le répertoire des possibles pour ne pas retomber dans la routine.

Le cœur battant, je regarde Tristan tirer une carte au hasard dans la boîte. Il fait un peu durer le suspense, préférant me faire un sourire mystérieux plutôt que de me lire tout de suite la proposition écrite sur le papier.

– Alors ? dis-je en trépignant.

– Ce jeu n'a pas besoin d'explication… dit-il en me montrant enfin le contenu de la carte.

Il est écrit :

Action ou vérité

En effet, je connais bien ce jeu, même si je n'y ai pas joué depuis l'adolescence. On y jouait en groupe plutôt. C'était le moment idéal pour vérifier que les copines n'étaient pas amoureuses du même garçon… Je me souviens qu'on préparait les gages à l'avance et en cachette aussi, pour qu'une amie demande l'air de rien à ce qu'on embrasse notre *crush*… Ça permettait de faire avancer les choses… Bref, un jeu faussement ingénu et naïf, et je suis certaine que le fait d'être adulte et de n'être qu'à deux ne peut que le rendre encore plus tentant et surprenant.

– Je commence, affirme Tristan. Action ou vérité ?

– Vérité.

Il fait une mine faussement déçue.

– Zut, et moi qui espérais te demander de me faire des choses. Tiens, à ce sujet, voilà ma question : est-ce que tu aimes me faire des choses ?

La manière dont il me dévore du regard ne laisse aucune ambiguïté sur les « choses » dont il est en train de me parler…

– Oui, réponds-je, gênée et troublée à la fois.

– Et qu'est-ce que tu aimes me faire ? me demande-t-il.

– Trop tard, tu as déjà eu ta question ! Tu dois attendre ton tour pour poser la suivante ! le taquiné-je.

– Eh merde, je sens que je me suis fait avoir, dit-il comme s'il était attristé, alors que nous sentons bien tous les deux l'excitation qui est en train de monter. À toi !

– Action ou vérité, l'interrogé-je.

– Action.

Le regard de défi qu'il me lance me donne des frissons.

– Caresse-moi la poitrine, osé-je.

– Comment ?

– Comment quoi ?

Je ne saisis pas trop où il veut en venir.

– Je voudrais savoir comment caresser ta poitrine, ce que tu aimes et ce que tu préfères, m'explique-t-il.

– Ah, murmuré-je, prise de court.

– Est-ce que je dois être doux ou plus ferme ? Est-ce que je dois te caresser sur ou sous ton T-shirt ? Comment veux-tu que je m'occupe de tes mamelons ? me demande-t-il, se délectant clairement du trouble qu'il fait naître en moi.

Je ne sais pas quoi lui répondre.

– J'attends tes demandes…

Tristan sait bien qu'oser parler m'intimide et en même temps m'aide à aller regarder dans mes propres territoires inconnus. Je m'y plonge encore avec autant d'appréhension que de délice.

– Pour commencer sur le T-shirt, dis-je à voix basse.

Tristan pose ses mains sur mes seins, commençant à les caresser doucement, se conformant scrupuleusement à mes explications.

– Puis quand tes mains sont chaudes, elles peuvent passer en dessous…

Il s'exécute, en prenant bien soin de lire mon contentement dans mon regard.

– Un peu plus fermement… l'invité-je.

– Je ne savais pas, merci de me faire assez confiance pour me le dire, murmure-t-il.

Cet homme va me faire chavirer.

– Puis je veux bien que tu fasses rouler mes mamelons entre tes doigts.

Je ferme les yeux pour profiter à fond de la sensation.

– Et ensuite, je voudrais que tu les prennes dans ta bouche.

Il retire ses mains, mais ne bouge plus. Je rouvre les yeux, le questionnant du regard. Il me fait un clin d'œil fripon assorti d'un sourire coquin.

– Tu avais dit caresser, pas lécher. Tu dois attendre le prochain tour, m'annonce-t-il fièrement.

– Comment tu te venges pour tout à l'heure ! m'exclamé-je, faussement outrée.

– Je ne me venge pas, je joue avec toi, comme toi tu joues avec moi.

– Pas faux, concédé-je. À toi de choisir, action ou vérité ?

– Vérité…

– Comment est-ce que tu aimes que je te suce ?

– Quand tu parles comme ça, j'ai envie de te sauter dessus direct, ne peut-il s'empêcher de commenter d'une voix rauque. Tu me rends fou…

Je fais celle qui n'a pas entendu.

– Alors, tu aimes comment ?

– Quand tu me lèches le bout du gland…

– De cette manière ? lui demandé-je.

J'ai envie de pousser le jeu un peu plus loin et de joindre le geste à la parole. J'ouvre son pantalon et le descends sur ses chevilles, ma main se glisse dans son boxer pour libérer son sexe déjà dur. Il ne me quitte pas des yeux, et sa respiration devient de plus en plus courte et saccadée. Je passe ma langue sur son gland et sur la hampe. Sa main caresse mes cheveux, et je sens son regard brûlant sur moi.

– Oui, murmure-t-il. J'aime quand je peux entrer mon sexe profondément dans ta bouche…

Je m'exécute, lui soutirant un gémissement de plaisir. Je relève un peu mon visage pour voir l'effet que je lui fais, tout en continuant à le lécher.

– Ça me rend fou quand tu me regardes en même temps, comme tu le fais là, tout de suite.

– Je le vois, ne puis-je m'empêcher de minauder.

Puis je m'arrête brutalement, le laissant consciemment sur sa faim. Il se rhabille et me fait un clin d'œil en me disant :

– Tu te venges pour tout à l'heure.

– Tout à fait, admets-je en souriant.

– À ton tour, alors, poursuit mon mari en finissant de se reboutonner. Action ou vérité ?

– Vérité.

– Vérité seulement, me taquine-t-il. Soit. Est-ce que tu as réfléchi à ma proposition ?

– Laquelle ?

– Celle de te prendre par-derrière.

Son désir palpable est terriblement excitant.

– J'y ai pensé.

– Ah ouais ? me demande-t-il. Raconte-moi.

– Je suis allée me renseigner.

– Où ça ?

– Sur des comptes Instagram qui parlent de sexe.

– Dis-moi, je ne te savais pas aussi coquine.

– Tu découvres mes territoires cachés au fur et à mesure que je les découvre moi-même, lui expliqué-je en repensant à la carte que nous avions dressée tout au début de nos jeux.

– Et ça me plaît bien… Et donc, qu'as-tu appris sur ces sites ?

– Qu'on pouvait y aller progressivement… Et que cela pouvait être agréable si on en avait envie.

– Et justement… Est-ce que tu aurais envie d'essayer ?

– Je pense que oui, dis-je dans un souffle.

– Il ne faut pas seulement que tu le penses, il faut en être sûre, me chuchote-t-il. On a toute une vie pour essayer de nouvelles choses toi et moi, on peut prendre notre temps.

Le fait qu'il ne me brusque pas me met en confiance, et me donne envie d'essayer, car je sais que si finalement, je ne voulais plus, ou que je n'aimais pas, je pourrais lui demander d'arrêter, et il s'exécuterait sur-le-champ. Son attitude nous donne la liberté de goûter aux différents plaisirs de la chair.

Je dois m'éclaircir la voix avant de lui répondre.

– J'en ai vraiment envie. Mais il faudra y aller tout doucement.

– Tout ce que tu voudras. Il y avait des conseils sur tes sites ?

– Euh, oui, réponds-je, étonnée par sa question.

– Alors il faudra que tu me donnes les adresses. Comme ça, j'irai voir comment je peux m'y prendre au mieux.

– C'est une bonne idée, acquiescé-je.

– Comme ça, on pourra s'y initier mutuellement.

Nous sommes tous les deux troublés par nos demandes, nos envies, nos consentements, et nous nous regardons en silence. Cette tension est vraiment perceptible, et je ne sais pas si je veux poursuivre le jeu ou lui sauter dessus. Je me décide à attendre encore un peu. Laissons monter le désir…

– C'est à toi maintenant. Action ou vérité ?

– Action.

– J'aimerais bien que tu reprennes là où tu en étais sur mes seins, lui demandé-je. Pour mieux poursuivre avec ta langue…

– Avec plaisir.

Il s'approche de moi pour m'enlever mon T-shirt. La fraîcheur et l'électricité dans l'air me font frissonner. Mes mamelons s'érigent, et Tristan enlève mon soutien-gorge afin de les faire rouler entre ses doigts. Mes frissons s'intensifient. Puis il prend un sein dans sa bouche, continuant à caresser l'autre de sa main. Je gémis de plaisir.

– J'aimerais que ta langue poursuive son exploration et descende plus bas, lui demandé-je.

Il décolle son visage de mon corps pour pouvoir me répondre.

– Tout ce que tu voudras, mon amour.

Puis il replonge sur moi pour embrasser le moindre centimètre carré de ma peau avant de glisser sa tête entre mes cuisses. Sa langue caresse mon clitoris, l'aspire, le mordille très doucement, le titille… Et toutes ces sensations me mènent à l'orgasme.

Il se relève, le sourire aux lèvres, et me demande simplement :

– À mon tour. Action.

– Fais-moi jouir encore, lui demandé-je.

Son sourire s'élargit.

– Je me suis toujours demandé si ma femme pouvait être multi-orgasmique.

– Vu l'état dans lequel tu m'as mise, lui confessé-je, c'est bien parti pour.

– Alors je vais poursuivre mon exploration, dit-il avant de recommencer à me caresser.

– Laisse un peu mon clitoris de côté… Il a besoin de se reposer.

– Que veux-tu que je te fasse ? me demande-t-il.

– Viens à l'intérieur de moi, lui chuchoté-je en posant sa main sur mon sexe.

Cette fois, ses doigts se fraient un chemin à l'intérieur de moi, ses caresses sont délicieuses. Je plisse les yeux de plaisir tandis que je sens que je pourrais en effet repartir complètement.

Tristan le sent et me murmure à l'oreille.

– Laisse-toi aller mon amour, je vais m'occuper de toi.

Et c'est ce qu'il fait…

Nous continuons à jouer pendant longtemps, transformant ce jeu en l'occasion de nous avouer ce que nous aimons, et surtout, comment nous l'aimons.

27

Hélène

L'organisation de la soirée du livre d'Angèle est grandement facilitée par le fait que nous avons finalement reçu un exemplaire de son roman, *L'Il de mon désir*. « Il », c'est le héros, l'homme dont la narratrice va tomber amoureuse, un Irlandais pure souche dont elle n'apprendra le nom que plus tard, qui va lui faire découvrir son île tout autant que de nombreuses pratiques sexuelles. Évidemment, Anaïs s'est proposée pour le lire en premier – à dire vrai, elle s'est purement et simplement accaparé l'exemplaire qui nous avait été confié ! Mais l'avantage, c'est que quelques heures plus tard, elle l'avait lu et avait pris des notes sur tous les points utiles, ce qui nous permet d'avancer. Et dans sa grande générosité, elle me l'a passé afin que je sois la prochaine à le lire.

– Je voudrais recréer la déco du pub irlandais où les personnages principaux se rencontrent, m'annonce-t-elle en me montrant un des extraits du livre surligné au marqueur fluo. J'ai comparé les descriptions avec les photos des différents bars irlandais à Paris, et j'en ai vu certains qui peuvent convenir. Qu'en penses-tu ?

Elle fait dérouler les photos des différents lieux sur l'écran de son ordinateur. Il y en a un en effet qui est très proche de la description en ce qui concerne la taille et la manière dont est arrangé le comptoir central, et dont sont disposées tout autour des chaises et tables en bois. En revanche, la décoration est très différente.

– L'organisation de l'espace, c'est bon… Mais on n'a pas du tout les mêmes couleurs, commenté-je.

– Justement. On peut faire de ce problème un avantage.

– À quoi penses-tu ?

– On pourrait commander des serviettes en papier, quelques nappes et sous-bocks au nom du pub dans le livre, et y ajouter en hashtag le nom du roman.

– C'est une bonne idée. Ce qui donnerait quoi, concrètement ? lui demandé-je.

– The Bard in a bar, *#lIldeMonDésir*, avec des tons vert foncé et un peu de jaune.

– Oui, acquiescé-je, ça pourrait être pas mal.

– Si j'ai ton feu vert, je pars tout de suite pour le pub afin de vérifier qu'il est aussi sympa en vrai qu'en photo… Et pour les convaincre de me privatiser leurs locaux pour la soirée.

– Entendu. Vu comme tu es au taquet, je sais qu'ils ne vont pas pouvoir te résister !

– Oui, c'est vrai, admet-elle en souriant. Pendant ce temps, il faudrait que tu réfléchisses aux *goodies* pour les blogueuses invitées.

– Ta lecture t'a donné des idées ? lui demandé-je.

– J'ai trouvé le cadeau idéal : un vibromasseur aux couleurs de la Saint-Patrick.

– Pardon ?

Anaïs éclate de rire.

– Je te rappelle que c'est une romance érotique. Et Lana, l'héroïne, ne va pas découvrir le plaisir seulement grâce aux beaux Irlandais…

– Comment ça ? Parce qu'en plus, il y en a plusieurs ? l'interromps-je.

– Bien sûr ! dit Anaïs en haussant les réponses. Tu penses qu'on tombe tout de suite sur le bon ? Sur celui qu'on va aimer et qui va nous faire grimper au plafond du premier coup rien qu'en nous regardant dans les yeux ?

– Pas dans la vraie vie, non, concédé-je, amusée.

– Tu vois, Angèle a voulu écrire une romance plus réaliste que celles auxquelles on est habituées.

– Et donc, quel est le rapport avec le vibro ?

– Je reprends : l'héroïne, donc, apprend à découvrir son plaisir aussi par elle-même. Elle apprend comment son corps marche, et donc, il lui arrive de se masturber. Avec ses mains, avec un coussin… ou avec des jouets.

– Dis comme ça, je comprends mieux… Des jouets alors ? Quelle sorte de jouets ?

J'avoue ne pas trop m'y connaître dans tout ce genre d'objets…

– Plusieurs genres de vibromasseurs.

– Parce qu'il en existe différentes sortes ?

Moi, j'étais restée sur le modèle de base, le gode qui vibre qu'on voyait sur les pages du catalogue de la Redoute et qu'on faisait passer pour un appareil de massage. J'ai visiblement raté un certain nombre d'épisodes.

– En effet… Et je vais te laisser te renseigner par toi-même. Mais le must du must actuellement, affirme Anaïs sur un ton qui ne souffre pas la contradiction, ce sont les nouveaux aspirateurs à clitoris…

– Les quoi ? ne puis-je m'empêcher de l'interrompre à nouveau.

L'idée me semble au premier abord fort peu excitante… et presque dangereuse !

– Pas un vrai aspirateur, bien sûr. Qu'est-ce que tu vas imaginer ?

En même temps, vu le nom, c'est normal que mon imagination s'emballe !

– Il n'y a pas de contact, que des ondes, m'explique-t-elle patiemment. Donc c'est plus fort si tu l'utilises dans le bain que juste dans ton lit… Et il faut penser à lubrifier…

– Mais pourquoi lubrifier s'il n'y a pas de contact direct ?

– Justement, il faut bien quelque chose qui fasse le lien entre l'embout et le clitoris… De l'eau, ou du lubrifiant… C'est particulier, mais très intense. À essayer, vraiment.

– On dirait que tu en as un…

– Je ne répondrai pas directement à cette question, s'amuse Anaïs. Mais bon, comme tous les joujoux, c'est top, mais il ne faut pas en abuser.

– Ah bon ? m'exclamé-je avant de me rappeler qu'en effet, j'avais déjà lu quelque chose à ce sujet.

– Mais oui, rappelle-toi, Angèle avait fait un article à ce sujet. Le clitoris est un animal fantastique mais paresseux.

Si on le sollicite tout le temps de la même manière, eh bien après, il n'y a plus que cette manière-là qui marche !

– Ah oui, je me souviens maintenant. Le problème, c'est qu'en plus, toutes ces machines ont une régularité dans le toucher, qu'une main ou une langue… ou autre chose d'ailleurs ! ne peut pas avoir. Et que donc, on risque de se désensibiliser, en quelque sorte.

– Voilà, me confirme Anaïs. À petite dose, c'est génial, ça aide à se découvrir et à prendre son pied facilement, mais si on devient accro, on risque d'avoir plus de difficultés à jouir avec un partenaire.

– Enfin quand même, faut y aller fort pour que ces petites choses soient mieux qu'un être humain.

– Détrompe-toi, ça peut aller très vite, je suis sûre… Essaie, et on en reparlera !

– OK, OK, j'essaierai, réponds-je à mon amie. Mais d'ici là, je ne suis pas convaincue que ce soit le cadeau idéal pour les blogueuses. Je ne sais pas si elles auront toutes ta liberté de paroles.

– C'est vrai que le vibro, c'est peut-être un peu *too much*. Et le vrai problème, c'est que les modèles dernier cri ne sont pas dans nos prix.

– Je te laisse seule juge de ce côté-là, comme tu as pu le voir, mon expérience à ce sujet est assez réduite.

– Oui, elle est à consolider en effet, me taquine Anaïs. Mais bon, j'aimerais trouver un petit cadeau qui plaise à tout le monde, et qui permette de parler de sexe de manière simple et naturelle. Comme quand on échange des trucs et astuces entre copines.

– Le sexe, c'est la nouvelle cuisine, plaisanté-je.

– Exactement. Sauf que je suis nulle en cuisine, que je n'ai aucune envie de m'améliorer dans ce domaine-là, et qu'on n'a pas milité pendant des années pour continuer à être toujours mises en rapport avec les tâches ménagères. Alors qu'en ce qui concerne le sexe…

– C'est bon, j'ai compris ! rigolé-je. Mais tu as des idées pour les *goodies* alors ?

– Non, pas vraiment…

C'est le moment de réfléchir. Avec toute l'expérience que j'ai eue avec Tristan ces derniers temps, avec notre découverte des jeux en tout genre, je pourrais certainement avoir une idée.

– On pourrait inventer un jeu des sept familles. Avec les Irlandais, les positions, les préliminaires, les lieux… Qu'en penses-tu ?

– C'est une bonne idée, s'enthousiasme Anaïs. Tu sais quoi ? Je vais appeler la maison d'édition, et aussi peut-être demander à en parler directement avec l'autrice, elle a peut-être des envies ou des idées.

– Je reconnais bien là la fan ! Tout prétexte est bon pour rencontrer Angèle !

– Tu concéderas que ce serait quand même judicieux.

– Je le concède ! affirmé-je en riant. Bon, pendant ce temps, je vais m'occuper des basiques alors : commander les *tote bags*, faire imprimer les flyers, commencer à rédiger l'invitation…

– Ça marche ! La maison d'édition nous a donné l'autorisation d'utiliser différents visuels, et on a aussi l'accord de l'illustratrice qui a fait le dessin de son compte Insta.

– C'est parfait alors, tu m'envoies tout ça avant de partir pour le pub, dans ce cas.

– Puisque le travail est réparti, alors retroussons-nous les manches, et au travail ! conclut Anaïs.

28

Tristan

Quand j'entre dans la chambre pour me glisser à côté de ma femme sous la couette, elle sursaute comme une gamine prise en faute.

– Qu'est-ce que tu fais ? Tu écris des messages à ton amant ? plaisanté-je.

– Non, non, nie-t-elle.

Mais elle a quand même visiblement des trucs à se reprocher.

– Qu'est-ce que tu regardes alors sur ton téléphone ?

Le sourire qu'elle m'adresse finit de me rassurer. Je suis même sûr qu'elle a des pensées coquines…

– Je peux voir ? poursuis-je.

– D'accord, dit-elle en me laissant une place à côté d'elle puis en se blottissant dans mes bras. J'adore sentir son corps tout chaud contre le mien, et je ne peux m'empêcher d'inspirer profondément pour savourer son odeur. Je suis accro.

– Mais c'est des boutiques de cul ! m'exclamé-je, surpris.

Hélène rit doucement.

– On dirait que ça t'étonne vraiment que je surfe sur des boutiques coquines.

– Oui… et non ! Décidément, ma chère femme, tu es bien surprenante… Je ne préfère même pas savoir ce qui t'y a conduite.

– Et malgré tout, je vais te le dire, me dit-elle sur le ton de la confidence. J'ai entendu dire qu'il existait de nouveaux sextoys absolument fabuleux.

– Ah ouais ? Alors vas-y, montre-moi.

Elle a réussi à piquer ma curiosité. Nous faisons défiler les différents gadgets actuellement sur le marché. Eh bien ! La technologie a en effet beaucoup avancé depuis la dernière fois que je m'étais intéressé à ce genre d'objets ! Pas que la technologie d'ailleurs. C'est con, mais j'en avais gardé le souvenir de choses utiles mais plutôt basiques, et je constate que des efforts ont été faits autant dans le design que dans le choix des matériaux.

– Dis donc, on n'arrête pas le progrès ! Et toi alors, qu'est-ce qui te tente ? Tu as mis quoi dans ton panier ?

– Ça ne t'embête pas que j'aie envie d'avoir un sextoy ? me demande-t-elle.

– Pourquoi ça ? lui demandé-je avant de me souvenir qu'elle m'avait fait le même coup sur le fait de se caresser en même temps qu'on fait l'amour. Tu ne vas pas en remettre une couche du genre « je pourrais prendre ça mal et ça remettrait ma virilité en cause », quand même ! Tout ce qui te donne du plaisir me fait plaisir… Tu devrais le savoir, enfin !

Elle rougirait presque. Elle est tellement craquante avec son mélange de confiance en elle et de timidité.

– Je ne sais pas pourquoi je me le demande à chaque fois, en effet, me confie-t-elle.

– Arrête de te poser des questions idiotes et montre-moi plutôt ce que je vais t'offrir.

– Comment ça ? me demande-t-elle.

– Je serais ravi de te faire un petit cadeau.

– Ah bon ?

– Ouais.

Il faut quand même que je lui avoue l'idée que j'ai derrière la tête. Je ne suis pas purement désintéressé, en vrai.

– Et dans ce cas, poursuis-je, j'aimerais bien qu'on l'essaie aussi ensemble. Tu serais d'accord ?

Elle réfléchit avant de me répondre. Ça me plaît. Je préfère qu'elle en ait vraiment envie plutôt qu'elle me réponde du tac au tac seulement pour me faire plaisir.

– D'accord. C'est vrai que j'y pensais surtout pour moi, mais j'ai très envie de me prêter au jeu.

– Alors qu'est-ce qui t'a décidée ? l'interrogé-je.

– J'aime quand tu me regardes…

Elle m'électrise quand elle me parle comme ça.

– Je sais que maintenant, j'oserai faire des choses devant toi qui m'auraient semblé impossibles ces dernières années… poursuit-elle. Je suis plus à l'aise avec mon corps et avec mon désir, et ton regard a sur moi des vertus aphrodisiaques.

– Alors je te regarderai tant que tu voudras. Tu pourras même m'attacher pour que je te regarde plus longtemps sans rien te faire, ajouté-je, pris par l'inspiration.

– Eh bien pourquoi pas, me dit-elle avec un petit sourire coquin.

L'appétit vient en mangeant, et les idées viennent en discutant. Décidément, je ne regretterai jamais la libération de la parole dans notre couple.

– Alors, voilà, c'est un de ces modèles que je convoite, reprend-elle en me montrant l'un des objets regroupés sous l'intitulé « stimulateurs clitoridiens ».

– OK, dis-je, dubitatif.

L'objet est plutôt déroutant… ! Il fait penser à un thermomètre auriculaire avec un embout plus large, mais l'ensemble est plus petit, et plus délicat, avec plus de style : pas d'écran d'affichage, un bouton discret, un liseré décoratif.

– C'est joli, commenté-je, mais ça marche comment ?

– Il faut entourer le clitoris avec cette partie-là, et donc il n'y a pas de contact direct avec le gland. Il y a une membrane qui vibre au fond et qui crée les ondes qui vont le stimuler.

– Intéressant… Ça doit vraiment pas être comme une langue ou des doigts, ne puis-je m'empêcher de faire remarquer.

– En effet, mais il paraît que la sensation est très intense, et un peu déroutante.

– Ah ouais ? Finalement, je suis plus trop sûr d'avoir si envie que ça que tu essaies. Et si c'était mieux ?

– Ça ne peut pas être mieux que ce que tu me fais, me dit-elle en souriant.

– J'espère… Je ne voudrais pas me faire piquer ma place par un machin en plastique.

Hélène rit doucement.

– Tu me raconteras l'effet que ça te fait, alors, lui dis-je.

– Je pense que je l'essaierai seule d'abord, si ça ne te dérange pas, me confie-t-elle.

– Tu vois, ça commence déjà ! Je peux attendre que tu sois familiarisée avec la bête, mais j'espère qu'elle ne prendra pas ma place.

– La bête ? s'exclame ma femme en riant aux éclats. Rien que ça ?

– Ouais, la bête. Bon, si finalement tu préfères jouer toute seule avec, c'est OK aussi, me reprends-je, ne voulant pas non plus lui mettre la pression. Évidemment, je ne te cache pas que je préférerais avoir le droit d'expérimenter ton joujou aussi, mais c'est ton choix.

– C'est exactement pour cela que j'aurai envie de l'essayer avec toi aussi : tu ne me mets pas la pression, tu me mets en confiance, tu me laisses le choix.

– Oui, j'aime te laisser le choix dans la date, utilisant une bonne vieille contrepèterie pour détendre l'atmosphère car il fait vraiment très, très chaud dans mon boxer.

– Ne dis pas de bêtise, s'amuse-t-elle. Donc hop, dans le panier !

– Très bien, acquiescé-je. On peut regarder les gadgets pour jouer à deux aussi ?

– Bien sûr.

Je surfe à mon tour sur les pages jusqu'à trouver ce que je recherche. Rien que de voir le visuel, ça me fait bander, mais je ne sais pas du tout si ça va tenter Hélène.

– Moi, j'aimerais bien qu'on s'amuse avec ce modèle-là, dis-je en lui montrant l'objet de mes désirs sur l'écran.

C'est un grand classique, au demeurant : un œuf de geisha vibrant, contrôlé par une télécommande.

– Oh ! murmure Hélène, qui a l'air plus surprise que choquée. Je vois…

– C'est con, ajouté-je, mais c'est vraiment un de mes fantasmes en fait. Que tu portes cet objet à l'intérieur de toi et que je puisse te faire jouir à distance. Avec plein de monde autour. Et il n'y a que toi et moi qui sommes au courant.

– J'avoue que c'est excitant sur le papier, avoue ma femme. Mais en vrai ? T'imagines ? S'il y a Mathilde, ou des mineurs autour ?

– Ah bah non, pas comme ça ! C'est pas pour les réunions familiales, c'est clair. Non, plutôt pour un resto en amoureux, avec que des adultes autour, et pas tout près…

– Dans ce cas, oui, pourquoi pas… Mets-le dans le panier, on aura le temps de réfléchir à quand et comment l'utiliser.

Je souris à l'idée de tous les délices à venir, et je sens que je vais attendre la livraison du paquet comme un gosse attend Noël.

***

Aujourd'hui, c'est moi qui vais chercher Mathilde. Hélène est de nouveau en plein rush pour boucler les préparatifs de la soirée, et elle va rencontrer l'autrice du bouquin dont elle organise le lancement.

J'en profite pour emmener ma poussinette au parc. Je sais que sa mère l'y emmène de temps en temps, mais qu'elle n'est pas trop fan de cet endroit où elle a tendance à s'ennuyer.

Moi, je n'y vais pas souvent, alors ça m'éclate de voir ma fille descendre vingt fois le même toboggan, commencer à se faire des copains, lutter pour son territoire et rire aux éclats en faisant des galipettes sur le gazon. Bref, on va se faire un petit moment papa-fifille. J'espère qu'elle se souviendra de ces moments quand elle sera plus grande. Et pour ça, je suis prêt à renouveler l'expérience aussi souvent que nécessaire.

Mathilde me fait la fête quand je vais la chercher, et même Mme Radosch se laisse attendrir. Un cœur d'or sous un regard de pierre, celle-là !

– Ze veux aller zouer au parc ! m'ordonne ma fille.

– On ne dit pas je veux, mais je voudrais, ne puis-je m'empêcher de la corriger. Mais oui, on y va de ce pas.

– Youpi ! crie Mathilde, me perçant le tympan de manière certainement irréparable.

Je râle pour le principe, mais j'adore sa joie de vivre.

– On y va à dos de dragon, alors ? lui proposé-je.

– Oui ! Le dragon, le dragon !

En rigolant de plus belle, je l'attrape pour l'asseoir sur mes épaules. Elle me serre bien fort pour ne pas tomber.

– Allez le dragon, envole-toi ! commande-t-elle.

Décidément, elle n'a pas de mal à dire ce qu'elle veut et à l'exiger. Ça me rappelle une autre femme de ma vie… Quoique le modèle adulte ne prend pas ce ton-là pour me mener par le bout du nez, et c'est tant mieux. Il suffit qu'elle me regarde avec ses grands yeux amoureux et je craque !

Quelques enjambées de géant – ou plutôt quelques battements d'ailes de dragon ! – plus tard, on arrive dans un petit square, complètement bondé à cause du beau temps. En revanche, il n'y a pas beaucoup de spécimens masculins de plus d'un mètre vingt… Il faut croire que les parcs sont plus pour les mamans ou les nounous que pour les papas, en tout cas en semaine.

Je commence à jouer avec Mathilde qui, tout d'un coup, m'abandonne et va courir vers un petit garçon. Je vais les rejoindre.

– Bonjour, dis-je au petit garçon. Tu me présentes à ton copain, Mathilde ?

– C'est Zoseph. Y sait faire des super sauts. Alors on aime bien faire des concours de sauts.

– Cool. J'ai envie de voir ça, alors.

Mathilde fronce les sourcils.

– D'accord. Tu peux regarder. Tu te mets là.

Je m'assieds à la place qu'elle m'indique, un petit recoin de banc devant l'aire de jeux. Je les regarde sauter dans tous les sens. Ils s'en donnent à cœur joie et ont vraiment l'air de bien s'entendre.

– Bonjour, me lance une belle blonde qui s'assoit à côté de moi.

Un peu trop près, d'ailleurs, comme si on était des proches. Elle est certes très jolie, mais bon, on ne se connaît pas…

– Je suis la maman de Joseph, se présente-t-elle.

– Ah, enchanté ! Moi, je suis le papa de Mathilde.

– J'avais deviné, me dit-elle en m'offrant ce qui doit être son plus beau sourire. Je comprends maintenant de qui Mathilde tient ses beaux yeux verts.

Je rêve ou elle est en train de me draguer ? Putain, ça faisait longtemps que ça ne m'était pas arrivé ! C'est flatteur, mais en fait, je ne suis vraiment pas intéressé.

– Merci du compliment. Vous devez connaître Hélène, ma femme ?

Son visage se rembrunit aussi sec.

– Oui, en effet, je l'ai déjà aperçue ici.

– Ah, c'est d'elle surtout que tient Mathilde. J'ai de la chance d'avoir deux femmes dans ma vie aussi magnifiques !

C'est un peu gros, mais je n'ai aucune envie de rentrer dans son jeu.

– J'espère qu'elles se rendent tout aussi compte de la chance qu'elles ont ! réplique-t-elle avant de prétexter je-ne-sais-quoi et d'aller s'asseoir un peu plus loin.

C'est drôle, il y a quelque temps, je ne suis pas sûr que je n'aurais pas sauté sur l'occasion. Pas dans ces conditions-là, pas avec ma fille dans les parages, mais j'avoue que je me suis déjà demandé ce que cela ferait de faire l'amour avec une inconnue, avec quelqu'un que je suis sûr de ne jamais revoir, avec qui je peux faire des choses que je ne fais pas avec ma femme… C'est sûr que maintenant, la question se pose peut-être différemment, car on a beaucoup changé avec Hélène depuis qu'on se découvre sous un nouveau jour. Mais il n'empêche qu'on n'a jamais vraiment parlé de nos fantasmes les plus secrets… Peut-être que je pourrais lancer le sujet un de ces quatre.

29

Hélène

– Anaïs, calme-toi un peu ! Ce n'est pas non plus comme si on allait rencontrer Beyoncé !

– On va rencontrer mieux ! proteste mon amie en trépignant d'impatience.

Nous avons fixé rendez-vous à Angèle dans le pub que nous avons choisi pour la soirée de lancement du livre. Anaïs a su être très persuasive, et le gérant a accepté de déplacer la date d'un événement qu'il avait prévu pour nous laisser la salle le jour où nous en avions besoin. Angèle arrive peu de temps après nous. Elle a l'air aussi espiègle que sur ses photos.

– Hello, dit-elle en nous claquant la bise direct comme si on se connaissait depuis toujours.

Autant dire qu'Anaïs est sur un petit nuage.

– Ah oui, c'est top ici, on se croirait en Irlande ! approuve Angèle en regardant autour d'elle.

– Et ce n'est pas tout, continue ma collègue en dégainant son iPad. Regardez les visuels imprimés sur les serviettes et la déco.

– Non mais c'est génial ! s'enthousiasme l'autrice. C'est exactement comme ça que je m'imaginais The Bard in a bar. Vous avez touché dans le mille !

– J'en suis ravie, dit Anaïs.

Je me fais toute discrète, car mon amie a bien mérité son heure de gloire.

– Et pour les *goodies*, Hélène a pensé à un jeu de cartes, continue-t-elle. J'aurais bien voulu un vibro comme dans le roman, mais ce n'était pas évident.

Angèle éclate de rire avant de renchérir :

– Ah oui, c'est sûr ! Et il y a tellement de modèles et de types de vibros maintenant qu'il vaut mieux que chacun choisisse le sien.

Cela me fait penser que j'attends encore ma commande… Mais ce n'est pas le moment de penser à la bagatelle et à Tristan !

– Et donc, qu'est-ce qu'il y aurait dans ce jeu de cartes ? demande-t-elle, curieuse d'en savoir plus sur notre idée.

Je laisse Anaïs continuer, car si j'ai eu l'idée de base, elle a bossé dur à sa réalisation. Elle a vraiment envie de se faire bien voir par son idole !

– Ce serait un jeu des sept familles un peu coquin. Il y aurait les Irlandais, les lieux, les préliminaires…

– Désolée, mais je t'arrête tout de suite, la coupe Angèle.

Anaïs se décompose.

– Pas de préliminaires ? C'est trop choquant ?

– Non, pas du tout, s'amuse l'écrivaine. C'est surtout que je n'aime pas ce terme. Préliminaires, comme s'il s'agissait juste de ce que l'on faisait avant ! Comme si tout ce qui n'était pas la pénétration du vagin par une bite n'était pas faire l'amour ! Le cuni, la fellation, les caresses, ce sont des gestes d'amour, pas des préliminaires, pas des entrées qu'on fait pour se mettre en appétit avant le plat de résistance.

Décidément, le sujet lui tient à cœur. Mais je ne peux qu'être d'accord avec elle.

– Que proposez-vous plutôt dans ce cas ? l'interrogé-je.

– Vous vouliez sept familles de cinq cartes, je suppose, puisqu'il y a cinq Irlandais.

– Tout à fait, acquiesce Anaïs.

– Dans ce cas, on peut faire une famille « jeux de main », et une autre « jeux de langue »... Je suis sûre qu'on aura assez d'idées pour compléter.

– Oui, on avait aussi prévu une famille « caresse », donc il va juste falloir réattribuer chaque pratique à sa famille.

– Super ! Et les autres alors ?

– On aura donc Irlandais, lieux insolites, jeux de main, jeux de langue, positions (pour le moment de la pénétration), moments de la journée et accessoires.

– Accessoires, quelle bonne idée ! Vous avez choisi lesquels ?

– Bandeau sur les yeux, mains attachées, crème chantilly, fauteuil...

– ... et un flacon d'huile parfumée ! Tout comme dans le livre ! Je vois que vous l'avez vraiment lu avec beaucoup d'intérêt.

– En effet... D'ailleurs, si vous aviez la gentillesse de me dédicacer mon exemplaire, ce serait vraiment top, demande Anaïs.

– Évidemment, répond Angèle. Et je vais le faire tout de suite pour ne pas oublier.

Ma collègue ne se le laisse pas dire deux fois et sort rapidement son exemplaire de son sac. Angèle s'exécute avec le sourire.

– Voilà !

– Merci ! répond Anaïs, les joues roses de plaisir.

– Et donc pour le jeu, c'est quoi la version coquine ? reprend l'autrice.

– Eh bien, au lieu de réunir les familles, on tire une carte au sort dans chaque tas, et il ne reste plus qu'à faire ce qui est écrit dessus. Comme dans une version sexy du cluedo.

– Faire l'amour avec Ian les yeux bandés en missionnaire sur le fauteuil à minuit, en s'embrassant à pleine bouche et en se caressant les cheveux, par exemple.

– Exactement, dis-je en hochant la tête.

– J'adore ! Vous m'en gardez un exemplaire absolument !

– Évidemment, s'exclame Anaïs.

– Vraiment, c'est génial. Et puis c'est une bien meilleure inspiration que le porno.

– Vous n'êtes pas fan de porno ? m'étonné-je.

Après tout, vu sa liberté de penser, j'étais persuadée que ce n'étaient pas les pratiques filmées qui allaient la choquer.

– Non, je dois avouer que je ne suis pas fan, nous confie Angèle.

– Pourquoi ça ? demande Anaïs, tout aussi étonnée que moi. Faut pas se voiler la face, tout le monde en regarde. Enfin peut-être pas tout le monde, mais beaucoup de mecs quand même.

– Oui, mais je ne suis pas convaincue que ce soit une bonne chose. Déjà, les conditions dans lesquelles ils sont tournés sont désastreuses, surtout pour les actrices. On essaie de se donner bonne conscience, mais on n'arrive pas dans ce milieu par hasard, et le porno fourmille de nanas qui ont été abusées très jeunes ou qui ont de réels problèmes psychiques.

– C'est pas faux, malheureusement, commenté-je plus pour moi-même que pour les autres, car j'avoue qu'à chaque fois que j'ai pu tomber sur un film porno, j'ai fait abstraction de la manière dont il a été fait.

– Et puis c'est pas bon pour l'imagination. À force de voir toujours les mêmes pratiques, on en vient à oublier qu'il y a d'autres choses qui sont faisables. Et puis d'ailleurs, on n'y voit que ça, des pratiques, pas de relations ! La femme y est dégradée, humiliée, surtout dans tous les films récents.

– Oui, mais on peut aimer les rapports de soumission aussi quand on est une femme, dit Anaïs qui prend visiblement son courage à deux mains.

– Certes, mais on n'aime pas que ça… Et les mecs qui regardent trop de pornos ont tendance à réduire la sexualité à ces pratiques. Résultat, ce sont de moins bons amants, et ils prennent eux-mêmes plus difficilement du plaisir.

– Tu le penses vraiment ? demande Anaïs.

– C'est l'expérience que j'en ai fait, répond Angèle en haussant les épaules.

– Et les pornos féministes ?

– Je ne sais pas… J'en ai vu, de ceux-là comme des traditionnels aussi, et c'est clair qu'au niveau du plaisir, on est plus dans le vrai. C'est moins le catalogue des pratiques préférées des mecs que des jeux entre les deux, des recherches scénaristiques. Mais ça ne règle pas le problème des conditions de tournage. Pour ça, je ne suis pas sûre qu'elles y soient vraiment mieux traitées et plus respectées.

Angèle marque une pause, avant de reprendre :

– C'est un peu pour cette raison que je me suis mise à écrire de la romance érotique. Et dans ce domaine, il y a plein de bonnes surprises ! Des grands classiques comme Anaïs Nin – dont vous portez le prénom, d'ailleurs – ou Apollinaire, aux romances contemporaines, en passant par les romans de Régine Deforges, j'adore et je lis tout ! D'ailleurs, poursuit-elle sur le ton de la confidence, il y a des sites d'histoires plus qu'érotiques sur Internet, je vous donnerai les liens si vous voulez… Des trucs géniaux. Il y en a pour tous les goûts, des plus romantiques aux plus trash… Il faudra aller y faire un tour !

Anaïs et moi nous jetons un regard en coin : on en apprend décidément tous les jours !

***

Le lendemain soir, c'est vendredi, et Tristan et moi nous faisons un petit bilan de la semaine autour d'une bonne pizza à la maison. C'est une nouvelle tradition : on a tous les deux la flemme de cuisiner, on accompagne de quelques rondelles de concombre pour se donner bonne conscience. Mathilde adore ce repas qui se picore avec les doigts, et elle joue en même temps que nous dînons, assis à même le sol autour de la table basse. Lorsqu'elle est couchée, nous commençons nos conversations d'adultes.

– Comment c'était alors, ta rencontre avec Angèle ? me demande Tristan.

– Très sympa. Je comprends qu'Anaïs en soit fan. Elle commence à avoir son petit succès, mais il ne lui monte pas à la tête. Elle reste très accessible.

– Tant mieux.

– Et toi, ton projet avance ? le questionné-je.

– Ouais. Ça baigne. Et surtout, je suis trop content d'avoir l'occasion de revoir Mika. C'est vraiment cool de bosser ensemble.

– Il faudra qu'on l'invite à dîner à la maison un de ces quatre, proposé-je.

– C'est clair ! Je suis sûr qu'il serait très content de te revoir, me dit Tristan.

– Vous allez boucler l'installation du logiciel dans les temps ?

– Oui, ce sera fini fin juin, allez mi-juillet en cas d'imprévu.

– Je vais essayer de prendre des vacances en août, dans ce cas, calculé-je.

– Bonne idée, comme ça on pourrait même partir rien que tous les deux.

– Comment ?

Il n'a pas oublié quelqu'un, là ? Un petit quelqu'un de bientôt 3 ans qui adore le chocolat ?

– J'ai bien réfléchi, ce serait le bon moment pour laisser Mathilde et partir tous les deux. En septembre, ce sera sa première rentrée, elle grandit et peut commencer à passer des petites vacances sans ses parents, non ? Qu'en penses-tu ?

– Oui, je suis d'accord, finis-je par acquiescer.

C'est vrai que notre fille n'est plus un bébé, et qu'on peut bien se séparer d'elle pour quelques semaines…

– Et tu as une idée de la destination ? reprends-je.

– Ça me semble évident, me dit Tristan en m'offrant son plus beau sourire.

Lui, il a une idée derrière la tête. Mais moi, je donne ma langue au chat !

– En Chine, finit par dire Tristan devant mon air interrogateur.

– En Chine ?

Si loin que ça ! Mais c'est notre rêve depuis si longtemps… On n'avait pas eu les moyens de se le payer quand on était étudiants, pas même pour le voyage de noces, et après on a eu notre fille.

– Qu'est-ce que t'en dis ?

– Je ne sais pas, c'est un peu fou, quand même, non ?

Tristan a l'air enthousiaste.

– Oui, bien sûr mais regarde : on peut se l'offrir, et comme Mathilde a été plus gardée ces derniers temps, la séparation sera moins difficile… pour elle comme pour nous. Ce serait le moment idéal.

– C'est vrai… dis-je, pensive, mais c'est une idée folle quand même.

La Chine… Mon rêve depuis que j'ai vu *Mulan*, le dessin animé de Walt Disney.

– On y réfléchit, et on en reparle ? me propose Tristan.

– D'accord !

Et si on osait ?

30

Hélène

– Et si on jouait à nouveau ? m'interroge Tristan quelques jours plus tard.

Son grand sourire « innocent » confirme mon intuition : il ne parle pas de jouer à la dînette…

– J'ai vraiment appris plein de trucs la dernière fois, j'aimerais bien apprendre encore, m'explique-t-il avec un clin d'œil.

– Avec action ou vérité ?

– Non, je voudrais plutôt qu'on tire une nouvelle carte de la boîte.

– D'accord.

Je vais vite chercher la boîte que nous rangeons bien précieusement dans le tiroir de notre table de chevet. Qu'est-ce qu'on va bien pouvoir apprendre l'un sur l'autre ce soir ?

– On choisit ou on pioche encore au hasard ? lui demandé-je.

– Je dois t'avouer que j'aimerais bien trouver une question

en particulier, m'avoue-t-il.

– Tu pourrais aussi me la poser directement ! le taquiné-je.

– Euh... c'est vrai... mais je suis sûr que je vais la trouver quelque part dans la boîte. Et je suis d'humeur joueur.

Il a réussi à piquer ma curiosité, et je m'interroge sur ce qu'il veut savoir, ou faire, tandis que je le vois chercher dans toutes les cartes celle qui correspond à son envie du moment.

– Il y a vraiment plein de choses intéressantes, commente-t-il.

– Ne me dis rien, je crois que moi, je préfère les surprises !

– Comme tu voudras, mon amour... Ah, voilà, j'ai trouvé ! dit-il en extirpant une carte du fond de la boîte.

– Alors, qu'y a-t-il marqué dessus ?

Il me lit la carte à voix haute :

Quel est ton fantasme le plus inavouable ?

– Oh la question piège ! m'exclamé-je.

– Pourquoi ça ?

– Eh bien, s'il est inavouable, c'est justement qu'on ne peut pas le dire. Les autres fantasmes, on peut s'en faire part... expliqué-je.

– Il me semble déjà avoir évoqué un des miens... D'ailleurs, je suis allé me renseigner sur les comptes que tu m'avais conseillés. Je commence à avoir une idée précise de la manière dont je peux m'y prendre pour que ça te fasse du bien.

– Il faudra essayer, alors...

– Je ne demande que ça... Je compte sur toi pour me le demander quand tu en auras envie.

– D’accord.

– Mais reprenons… Tu ne m’as jamais parlé de tes fantasmes, constate-t-il.

– Je t’ai déjà dit certaines choses, il me semble…

– Oui, mais je suis sûr que tu as des idées dans la tête dont tu ne me parles pas.

Le fait que j’ai été à deux doigts de craquer et de faire l’amour avec un collègue, par exemple ?

– C’est encore difficile pour moi d’en parler. Je ne sais pas bien ce que je veux garder pour moi et ce que je veux partager…

– On peut se garder des terres secrètes, c’est sûr… Mais j’aimerais bien avoir un petit aperçu de ce qui s’y cache. Imagine-moi comme un Indiana Jones qui veut trouver ton Saint Graal !

Sa comparaison me fait rire et me met à l’aise. On parle de fantasme, pas forcément de terribles secrets à cacher bien profondément !

– Tu as des fantasmes dont tu ne m’as pas parlé ? l’interrogé-je.

– Oui, bien sûr, me répond-il.

– Et tu ne regrettes pas de ne pas en parler ?

– Je me sentirais prêt à en parler à la base… Mais comme tu ne veux pas forcément parler des tiens tout de suite, je préfère attendre qu’on soit prêts tous les deux. J’ai envie que ce soit un moment d’échange, de confessions mutuelles… Là, je serais mal à l’aise d’être le seul à me confier.

– Merci, mon chéri.

– C’est normal ! dit-il en cachant tant bien que mal sa déception de ne pas en apprendre plus.

À chaque nouvelle discussion, je tombe un peu plus amoureuse de mon mari.

***

Le lendemain, Tristan et moi avons envie de regarder la suite de *Game of Thrones*. On a un peu boudé la télévision ces derniers temps, mais on s'est bien rattrapés depuis quelques jours : on a enchaîné les épisodes ! C'est parfois quand même sympa de se retrouver tout simplement autour d'une bonne série. Quoi qu'on fasse, il est juste important de ne pas s'encroûter, et de s'investir dans tous les moments ensemble, même les plus simples ! Et puis avec cette série, le sexe n'est jamais très loin... Et certains passages peuvent donner des envies ou des idées.

Dans cet épisode d'ailleurs, certains protagonistes s'en donnent à cœur joie, dont Oberyn, que je trouve diablement sexy, et qui n'a pas l'air de se contenter d'être à deux.

– Tu serais tenté par ce genre de choses ? demandé-je à Tristan.

– Comment ça ?

– Est-ce que faire l'amour à plusieurs fait partie de tes fantasmes inavouables ?

Le sourire de Tristan s'élargit.

– À plusieurs ? À combien exactement ?

– Disons à trois, le truc le plus courant... Tu y as déjà pensé ?

– Je crois que tous les hommes ont déjà fantasmé d'avoir deux femmes rien que pour eux, et je ne fais pas exception à la règle, me confie-t-il.

– Mais pourquoi la troisième personne serait forcément une femme ? Pourquoi pas un homme ? demandé-je en surjouant un peu une attitude de rébellion.

– Hors de question ! Je ne pourrais pas voir un autre mec te toucher, s'emporte-t-il d'un coup, ma provocation ayant parfaitement fonctionné.

– Et pourquoi moi je serais d'accord pour que ce soit une femme, alors ? minaudé-je.

– Touché ! admet-il en riant. Bon, d'accord, je me souviens, je juge pas, tu juges pas. Tu peux fantasmer de faire l'amour avec deux mecs, et moi avec deux filles.

– Ceci étant clair, qu'est-ce qui t'excite dans cette idée ?

– Avoir deux femmes qui ne s'occupent que de moi. Alors qu'avec un autre homme, je pense que je me sentirais un peu en concurrence. Et toi, alors ?

– Moi aussi, je me verrais bien dans la situation miroir, avec deux hommes qui ne s'occupent que de moi.

– Ah ouais ? me demande Tristan étonné. Mais pour de vrai, ou en fantasme ?

– En fantasme. Je ne suis pas sûre d'avoir envie de le réaliser.

– Ça m'arrange, car je ne serais carrément pas prêt à te partager avec un autre homme, en fait, m'avoue Tristan.

– Une femme, ça ne t'embêterait pas ? lui demandé-je avec un brin de provocation. Parce qu'en fait, ce serait pour moi l'occasion de… tester avec une fille. J'ai jamais embrassé une fille, sans compter le reste. J'avoue que quelque part, je suis curieuse.

– Ah ouais ! Enfin le but dans ma tête, c'était pas de te

permettre de réaliser ton fantasme de faire l'amour avec une fille ! Je ne savais pas que c'était quelque chose qui te tentait !

– Bah, je ne sais pas, mais quitte à faire l'amour à trois, pourquoi ne s'occuper que de toi à deux, et pas les uns des autres ?

– C'est drôle, c'est pas du tout comme ça que j'imaginais la scène. Mais je crois que je serais jaloux aussi si tu embrassais une autre femme… Ça ne te dérangerait pas, toi ?

– Si… mais je ne sais pas… On pourrait définir des règles, du genre : tu n'as pas le droit de l'embrasser, ou de la pénétrer.

– Tu veux dire qu'à ces conditions-là, tu t'imaginerais être partante ? me demande-t-il, étonné.

– Une partie de moi serait terriblement jalouse, l'autre serait excitée par l'idée, confessé-je. Mais je ne suis pas du tout sûre d'avoir envie de le faire en vrai. Non en fait, je suis certaine que je préfère que cela reste un fantasme.

– Moi aussi, acquiesce Tristan. Mais c'est vrai que l'idée est terriblement excitante… On pourrait peut-être s'inventer une histoire quand on sera tous les deux sous la couette, qu'en penses-tu ?

– J'adorerais… lui confié-je.

Je n'aurais jamais imaginé pouvoir avoir ce genre de discussion avec Tristan auparavant. Je pense que je ne me serais jamais avoué que je pouvais trouver l'idée de faire l'amour à trois avec lui et une autre femme excitante, et que je me serais tout de suite sentie mise en danger par cette idée. Or là, nous arrivons à parler avec respect de nos désirs mais aussi de nos limites, de ce qu'on est prêts à faire – et de ce qu'on ne veut pas faire !

– J'ai pas mal repensé à cette idée de fantasme inavouable, reprend Tristan un peu plus tard.

Visiblement, je ne suis pas la seule à ne pas avoir réussi à me reconcentrer sur la série…

– Et tu en es arrivé à quelle conclusion ?

– Je me suis dit que si je te confiais les miens, ce serait peut-être plus facile pour toi après de réussir à me dire les tiens…

– Tu veux faire le premier pas, c'est ça ?

– Oui, je te fais confiance pour m'écouter sans me juger…

– Alors je t'écoute, dis-je en m'emparant de la télécommande pour éteindre le poste de télévision.

– Ce ne serait pas pour le réaliser vraiment.

Là, il m'intrigue…

– Tu ne veux pas le concrétiser directement ? lui demandé-je, pas sûre d'avoir tout compris.

– Non, j'ai envie qu'on s'en serve pour pimenter nos petits jeux amoureux.

– D'accord… Mais qu'est-ce que c'est ?

– J'aurais envie de faire l'amour avec une inconnue. Avec quelqu'un que je ne connais pas, et que je viens de rencontrer.

Surprise plus que choquée, je ne réagis pas tout de suite.

– Mais pas pour de vrai, hein. C'est l'idée qui m'attire.

– Je comprends, lui dis-je, enfin non, pas complètement, il va falloir que tu m'expliques…

Je n'y avais jamais songé, mais l'idée de jouer une inconnue est loin de me déplaire… Et surtout j'ai envie de savoir ce qu'il met derrière ce fantasme, ce qu'il a envie de me faire et qu'il n'ose pas me demander.

– Si j'étais une inconnue, tu me ferais l'amour comment ? lui demandé-je avec une pointe de défi dans la voix.

– Je te ferais l'amour de manière beaucoup plus crue, dit-il en détournant son regard du mien.

Je suis touchée de le voir lui aussi à la fois troublé et gêné par la confession qu'il est en train de me faire.

– Explique-moi « plus cru », lui susurré-je, excitée de l'ascendant que j'ai sur lui en ce moment, car son désir est presque palpable dans la pièce.

– J'oserais te dire des mots que je ne te dis jamais d'habitude, car je te respecte trop. Je serais peut-être un peu plus brusque, un peu plus égoïste… Mais ne te méprends pas… Ce serait parce que l'inconnue est déjà conquise et folle de désir pour moi…

– Je pourrais être cette inconnue, lui proposé-je.

Il plonge à nouveau son regard dans le mien, et je me consume dans le brasier qui s'y est allumé.

– Ah ouais ?

– Oui… mais j'aurais besoin d'être sûre que le jeu s'arrête dès que je le demande. Je veux pouvoir redevenir « moi » à tout moment.

– Bien sûr ! Tu sais, je ne pourrai pas oublier que cette inconnue, c'est toi, et que c'est un jeu ! Et toi, tu y as repensé ? À tes fantasmes secrets ?

– Oui, avoué-je.

– Ah, vas-y, tu m'intéresses, dit-il en se penchant vers moi.

À mon tour d'être celle qui est un peu gênée, à son tour de reprendre les rênes… de la conversation tout du moins.

– J'aurais envie de faire l'amour au bureau.

– Ah ouais ? C'est marrant. Moi, ça ne m'a jamais tenté, me confie Tristan.

– Pourtant c'est un classique aussi, dis-je, un peu refroidie par son manque d'enthousiasme.

– Mais ne t'arrête pas là. Faut que tu m'expliques ! Donne-moi l'envie d'avoir envie…

Son humour me détend un peu. J'avais peur qu'il ne soit pas partant. Alors je me lance :

– Je crois que ce qui m'excite, c'est le frisson de faire l'amour dans un cadre qui ne s'y prête pas du tout… Le frisson de se faire prendre, l'interdit, le tabou…

Je ne peux pas lui dire que c'est certainement une des choses qui m'ont poussée dans les bras de Dean.

– Il faudra que je passe te prendre au bureau un jour, dans ce cas.

Le sous-entendu de sa phrase ne laisse pas de place à une mauvaise interprétation.

– Oui, j'aimerais bien que tu passes me prendre au travail, chuchoté-je.

– On va faire ça alors, dit-il en commençant à m'embrasser sur la nuque, et en m'entraînant vers la chambre.

Nos confessions créent des envies dont il serait dommage de ne pas profiter.

31

Hélène

Le lendemain matin, Anaïs est en train de s'arracher les cheveux pour les visuels du jeu de cartes. On a reçu un exemplaire de la maquette que l'on a fait imprimer, et le résultat n'est absolument pas à la hauteur de nos espérances.

– Ce n'est pas possible ! peste Anaïs. Franchement, tu es d'accord, c'est moche !

Je ne peux malheureusement que lui donner raison.

– Je ne suis pas non plus complètement étonnée… avoué-je. Décider de se servir d'une banque d'images pour économiser des sous n'était pas forcément notre meilleure décision.

– Il va falloir qu'on revoie ça, et en urgence, soupire Anaïs.

– Déjà, je pense qu'on pourrait partir de dessins plutôt que de photomontages. Vu notre thème, ce n'est pas étonnant que l'on ne trouve pas rapidement des photos qui nous conviennent, et une commande serait beaucoup trop onéreuse, dis-je en réfléchissant à voix haute. J'ai une amie photographe qui ferait des merveilles, mais autant de photos, pour des *goodies*, et en aussi peu de temps, ce serait lui demander de brader son travail !

– Qu'est-ce que tu proposes alors ? me demande ma collègue.

– Refais les calculs du budget et vois si on peut grappiller un peu de sous, quitte à voir avec la maison d'édition s'ils sont prêts à faire une rallonge pour pouvoir utiliser le jeu dans d'autres campagnes promotionnelles. Pendant ce temps, je farfouille pour trouver quelqu'un qui fasse des illustrations érotiques.

– Ça marche.

On se met au travail. Quelques heures plus tard, Anaïs et ses talents de persuasion ont permis d'augmenter le budget dont nous disposons, et je pense avoir réussi à dégoter la perle rare : une illustratrice qui fait des dessins très simples en noir et blanc, avec des traits nets mais qui suggèrent plus qu'ils ne montrent.

– Qu'est-ce que tu en penses ? interrogé-je mon amie en lui montrant le book de l'illustratrice.

– J'adore ! On va devoir négocier serré, mais ça peut le faire.

– J'ai toute confiance en toi pour cela, affirmé-je.

– Je m'y mets tout de suite dans ce cas !

Chose dite, chose faite, et je peux admirer Anaïs en plein travail : elle arrive à convaincre l'illustratrice de participer au projet – et il faut dire que le nom d'Angèle y est aussi pour beaucoup ! Alors qu'elles échangent des mails pour régler tous les détails pratiques et financiers, je suis déconcentrée par un message provenant de quelqu'un que j'avais essayé de chasser de ma mémoire – ce que j'avais presque réussi.

C'est Dean.

Rien que de voir son nom, je repense à cette soirée où l'on s'est embrassés, où j'étais à deux doigts d'aller plus loin, à son sourire enjôleur et à ses mains que j'aurais presque aimées plus entreprenantes. Mais qu'est-ce qui m'arrive ? Comment est-ce que je peux continuer à faire une fixette sur lui alors que ma relation avec Tristan s'est nettement améliorée ? C'est à cause de l'arrière-goût d'inachevé ? De la tentation de l'interdit ? Il doit y avoir une raison derrière, car ce n'est pas normal que ce type me fasse encore autant d'effet.

Je cherche à me concentrer sur les informations qu'Anaïs m'apporte en écho, mais je n'y arrive pas, alors je décide d'ouvrir le mail de Dean. Après tout, je suis peut-être en train de me faire des gros films, et c'est un mail purement de boulot.

Chère Hélène,
Je dois passer à Paris dans deux semaines pour le travail, et je serais ravi de profiter de cette occasion pour vous revoir.
Bien à vous,
Dean

Mais qu'est-ce que je vais lui répondre ?

En fait, la question ne se pose même pas. Je dois lui dire que moi, je n'en ai pas envie. Je peux même ne pas lui répondre du tout, effacer son message et prétendre ne jamais l'avoir reçu.

Deux semaines. Ce sera pile le moment de la soirée de lancement de *L'Il de mon désir*. Je peux lui dire que j'aurai trop de travail à ce moment-là.

Mon cœur se met à battre la chamade.

Ou alors, je peux lui proposer de faire un saut à la

soirée. Après, je verrai bien. Je pourrai discuter avec lui, mais je ne serai pas seule, et j'aurai des choses à faire, cela pourra me servir de protection pour ne pas céder à mes envies. Mais au moins, je pourrai voir où j'en suis, être enfin fixée. Peut-être que si je lui dis ce que je ressens, mes envies retomberont comme un soufflé. Mais peut-être pas. Je ne sais pas si je suis très honnête avec moi-même en disant que c'est juste pour voir, et si ce n'est pas plutôt pour le revoir. Une chose est certaine : j'ai besoin d'être fixée. Je me suis trop demandé ce qui se passerait si je le revoyais. Là, c'est l'occasion d'en être sûre.

Je lui réponds donc nerveusement, ne sachant pas si je suis en train de faire la pire bêtise de ma vie, ou si au contraire, je suis en train de reprendre les choses en main, ou plus exactement d'oser affronter la réalité de mes désirs et de mes envies.

« Cher Dean,

Je serais en effet ravie de vous revoir… »

Non, cette dernière phrase sonne trop comme une invitation à plus, il faut que je trouve une formulation plus neutre.

«Nous pourrions en effet en profiter pour nous revoir. »

Oui, c'est mieux, poursuivons.

« Je serai malheureusement très occupée car nous organisons la sortie d'un livre. Mais pourquoi ne vous joindriez-vous pas à nous pour la soirée de lancement ?

Bien à vous, »

E*uh, non, pas « bien à vous », je ne veux pas qu'il s'imagine déjà que je suis à lui.*

« Cordialement,
Hélène»

Et sans prendre le temps de me relire car j'aurais peur de changer d'avis ou de regretter ma décision, j'envoie mon message.

Les dés sont jetés.

***

J'ai un peu mauvaise conscience d'avoir accepté de revoir Dean. Plus qu'un peu, en fait. Je me sens coupable. Je sais que je joue avec le feu, et je ne sais pas pourquoi. Pourtant, je ne veux pas risquer ce que j'ai avec Tristan.

Je suis très irritable quand je vais chercher Mathilde chez sa nounou. Ma fille doit le sentir, et comme tous les enfants de son âge, elle est une éponge. Résultat, elle aussi est ronchon, pleurniche, n'est contente de rien. Je ne suis pas d'humeur à jouer avec elle, et je culpabilise de ne pas réussir à penser à autre chose qu'à Dean. Mais est-ce vraiment à lui que je pense ? Je ne suis même pas sûre de me souvenir exactement des traits de son visage. Je dois même avouer que je suis allée sur Google pour voir des photos de lui et me rafraîchir la mémoire. Franchement, *stalker* un pseudo ex sur mon téléphone plutôt que de profiter du temps que j'ai avec ma fille, je ne fais pas ce qu'il faut.

Plus je rumine, et plus je me sens mal.

– Joue un petit peu toute seule, demandé-je à Mathilde. J'ai besoin de me reposer de la journée.

Je me sens vraiment idiote de mentir à ma fille. Mais

elle qui d'habitude sait très bien s'occuper toute seule reste collée à moi en geignant. Elle doit sentir que quelque chose ne va pas. Il faut que je fasse quelque chose, sinon ça va être de pire en pire. Je l'attrape pour la mettre sur mes genoux à califourchon.

– Tu as gagné, ma puce. Je vais m'occuper de toi.

Je commence à la faire sauter sur mes genoux en chantant « Le petit cheval gris… » et à la faire se pencher en arrière. Elle rit aux éclats, et je commence à me détendre. On continue, et un quart d'heure plus tard, nous avons toutes les deux retrouvé notre bonne humeur. On ne va pas se laisser envahir par des problèmes qui ne sont pas présents. Chaque chose en son temps. J'avais lu un livre à ce sujet, pour apprendre à savourer l'instant, et je pense que c'est le moment de mettre en pratique les bons conseils donnés par l'auteur.

Lorsque Tristan rentre du travail, tout va pour le mieux, et Mathilde est même en train de m'aider à mettre le couvert. Je tremble à l'idée qu'elle casse une assiette, mais d'un autre côté, il n'est pas trop tôt pour participer à la vie de la famille ! Elle est toute fière d'avoir ses responsabilités, et moi je le suis aussi de la voir si grande.

– Comment vont les deux femmes de ma vie ? me lance Tristan.

– Comme des charmes, réponds-je pour toutes les deux.

– Regarde, j'ai trouvé notre paquet dans la boîte aux lettres, ajoute-t-il avec un air coquin.

Je réalise et pique un fard en pensant à son contenu.

– Tu le ranges ? demandé-je à Tristan.

– Bien sûr, on verra ça plus tard.

– Tu viens, il reste encore à mettre les verres ! dis-je à Mathilde qui me suit dans la cuisine d'un pas alerte.

Je lui donne le premier verre, elle le tient bien précieusement avec ses deux mains, et avance doucement jusqu'à la table du salon avant de le poser délicatement. La fierté se lit sur son visage.

– Bravo, ma chérie ! m'exclamé-je.

– T'as vu, papa ?

– Oui, tu es drôlement grande maintenant, la félicite Tristan. Tu vas même bientôt aller à l'école.

– Oh oui ! Ze veux aller zouer avec plein de copains !

Les yeux de Mathilde brillent à cette idée. On essaie de l'y préparer, et elle a une telle soif d'apprendre et de devenir autonome qu'elle s'en réjouit déjà.

– Et si tu m'aidais même à couper le pain ? reprend son père.

– Avec un vrai couteau ? le questionne notre fille, qui n'en croit pas ses oreilles.

Tristan lui répond avec un large sourire.

– Évidemment. Viens, je vais te montrer.

Ils partent main dans la main dans la cuisine, et je me sens prise de grandes bouffées d'amour pour tous les deux.

***

Deux heures plus tard, Tristan et moi sommes seuls dans la chambre.

– On ouvre le paquet ensemble, ou alors tu préfères le faire toute seule ? me demande-t-il.

– Pourquoi cette question ?

– Bah, tu disais vouloir essayer en solo d'abord.

– Euh, oui, c'est vrai, réponds-je, un peu gênée. Mais je serais ravie de les découvrir avec toi.

– Alors, découvrons ça tout de suite ! À toi l'honneur, ajoute-t-il avec un clin d'œil.

J'ouvre le paquet. La boutique a fait son possible pour anoblir les objets que nous avons commandés. Ce n'est certainement pas très écologique, mais ils sont rangés dans une belle boîte fermée par un ruban rouge sombre, et joliment emballés dans du papier de soie noir.

– C'est très raffiné, commenté-je, histoire de ne pas laisser le silence s'installer.

C'est une chose de voir ce genre d'objets sur un écran, c'en est une autre de pouvoir les tenir vraiment dans la main ! Je me sens un peu intimidée. Je jette un coup d'œil à Tristan qui n'a pas l'air non plus si à l'aise que ça : il ne s'est pas précipité pour déchirer l'emballage comme il le ferait avec une boîte de chocolats.

Nous les déballons doucement. En premier le fameux aspirateur clitoridien, décidément un bel objet, que je manipule timidement. D'un côté, je suis un peu troublée, mais de l'autre, je ne suis plus trop sûre d'oser m'en servir… Heureusement que l'objet est joli, voire délicat, cela le rend quand même moins impressionnant ! Puis je le passe à Tristan qui s'en saisit aussi précautionneusement.

– Il tient bien en main, commente-t-il, ne sachant pas trop quoi faire avec, lui non plus.

Il appuie sur le bouton, mais rien ne se passe.

– Il doit falloir le recharger, je pense, commente-t-il en se plongeant dans le mode d'emploi.

Je devine qu'il cache son trouble avec son côté ingénieur, toujours partant pour examiner l'aspect pratique des choses et trouver une solution avant de dire ce que l'on ressent.

– Si tu veux bien, je préfère m'en occuper, dis-je en prenant mon courage à deux mains.

– Ah oui, bien sûr, pas de souci, me dit-il en me tendant le tout.

Je préfère me familiariser avec l'objet seule d'abord, sinon je ne suis pas sûre d'oser l'utiliser. Je regarde et trouve en effet qu'il faut le recharger. Je sors de la boîte le câble spécial prévu à cet effet et le branche.

– On continue ? demandé-je ensuite à Tristan.

– J'ai l'impression d'être en train de déballer le Saint Graal, me répond-il.

Un petit rire nerveux nous échappe à tous les deux.

Nous déballons à quatre mains l'œuf et la télécommande.

– Pour le coup, tu peux regarder comment ça marche. Ce modèle-là, c'est un peu toi qui l'as choisi, lui proposé-je.

– Merci… mais c'est surtout que tu n'oses pas, n'est-ce pas ? m'interroge-t-il avec tendresse.

– Euh… oui… Je crois que je n'en suis pas encore là.

– C'est clair, c'est une chose de fantasmer sur les gadgets, c'en est une autre de s'en servir vraiment.

– Si tu veux bien, on va commencer par l'autre d'abord.

Là, je ne me sens pas du tout prête à utiliser cet œuf…

– Sans problème. Je sais que c'est moi qui ai voulu l'acheter, mais là tout de suite, je ne me vois pas faire l'amour par l'intermédiaire d'une télécommande, m'avoue-t-il.

– J'ai bien vu, dis-je en me penchant sur lui pour l'embrasser.

Je sens que Tristan se met à frissonner au contact de ma bouche sur la sienne.

– Ça ne te dérange pas si on continue à le faire sans gadget en attendant ? me demande-t-il, utilisant l'humour pour gérer son trouble.

– Pas le moins du monde, lui réponds-je. Je n'attends même que ça…

32

Tristan

[Salut ! Toi qui essaies de te
renouveler, je me suis dit que
ça pouvait t'intéresser.]

Je clique sur le lien joint au message de Mika et j'atterris sur un site sur les pratiques tantriques. Mais c'est quoi ce bordel ?

[Tu te fous de ma gueule ?]

[Absolument pas.]

Sa réponse m'étonne, et je me demande vraiment si c'est du lard ou du cochon.

[T'as déjà essayé ????]

[Ouais.]

[Va falloir que tu me racontes
ça autour d'une bière.
Tu serais dispo ce soir ?]

[Ouais.]

***

Quelques heures plus tard, nous voilà attablés tous les deux dans un bar sympa qui a le bon goût d'être situé pile poil entre chez lui et chez moi. On commence par se raconter un peu où l'on en est, lui et sa nouvelle conquête, moi et la redécouverte de ma femme. D'ailleurs, il est vachement curieux quand même. On dirait qu'il se projette dans une relation qui pourrait durer. Ça fait longtemps que je ne l'avais pas vu comme ça, je me demande même s'il n'est pas en train de tomber amoureux. Alors le fait de savoir qu'on peut retrouver du désir pour sa femme, qu'on peut même découvrir et essayer de nouvelles choses après des années de vie commune, ça l'intéresse beaucoup.

– Bon alors, faut que tu m'expliques, commencé-je tout de go. Le tantra ? Rien que ça ?

– Ça t'en bouche un coin, non ?

– Carrément. Je suis désolé, mais j'ai carrément du mal à t'imaginer faire l'amour avec quelqu'un assis à l'autre bout de la pièce, sans la toucher.

– Et pourtant, dit-il avant d'éclater de rire.

Je ne sais pas trop quoi en penser. Il joue un peu avec moi, c'est clair.

– Tu te fous un peu de ma gueule, reprends-je.

– Nan, je te taquine, c'est tout. C'est pas ça, le tantra. Mais les préjugés ont la vie dure.

– Je suis hyper curieux, là. Tu as réussi à avoir toute mon attention, alors je t'écoute.

– J'avais rencontré une nana qui m'en avait parlé, et finalement je me suis lancé.

– Avec elle ?

– Non, tout seul. On n'est pas obligé d'être en couple. Et puis le premier truc qu'on t'apprend de toute façon, c'est de prendre soin de toi-même.

À mon tour de rire aux éclats.

– Qu'est-ce que tu veux me faire croire ? Avec tout ce que t'as vécu, je suis sûr que tu sais exactement comment te faire du bien.

– Ouais, mais c'est parfois plus compliqué. Écoute, si t'en parles avec quelqu'un, et surtout à ta femme, je te maudis sur vingt générations, mais j'ai eu une période où je bandais mou.

Là, je tombe des nues. Mon idéal de Don Juan avec une demi-molle ? Et puis qu'il me le raconte en plus, j'avoue, je ne pensais pas en apprendre autant. Mais en fait, je suis super touché qu'il me fasse suffisamment confiance pour m'en parler. C'est pas comme si ça ne m'était jamais arrivé non plus. Le stress, la fatigue, tout ça… Autre chose peut-être aussi parfois, mais de sa part, ça m'étonne vraiment.

– OK, dis-je laconiquement.

Mickaël hausse les épaules.

– Je sais. C'était après ma séparation. J'avais la trouille, je pense, de ne pas être à la hauteur. De ne plus savoir comment faire jouir une fille, d'être dépassé.

– Pourtant, tu as l'air d'avoir appris plein de trucs à ce moment-là.

– J'ai un peu passé sous silence la phase de transition, commente-t-il, un sourire énigmatique aux lèvres. Bref, c'est comme ça que j'ai participé à un séminaire de tantra.

– Et ça t'a aidé ?

– Je pense, oui. Pas que ça, le fait que je comprenne ce qui me faisait peur aussi. Mais le truc génial dans le tantra, c'est le côté relaxation par et pour le sexe, et puis la connaissance du corps. Ça m'a décomplexé.

– Putain, j'ai du mal à t'imaginer dans ce genre de trucs érotico-ésotériques.

– T'es pas le seul à ne pas tout raconter, s'amuse-t-il. Je vois bien que toi aussi, t'es en train de tester plein de trucs. C'est cool que tu puisses le faire avec ta femme en tout cas.

Mickaël n'est vraiment pas né de la dernière pluie.

– Bref, je suis abonné à la newsletter du couple qui organise des sessions, et ils ont envoyé un mail tout à l'heure car il leur reste des places pour une soirée pour les couples ce samedi. Je me suis dit qu'avec ton état d'esprit actuel, ça ne pouvait que t'intéresser.

– Merci, monsieur est trop bon, dis-je en rigolant. Mais je ne suis pas sûr que ça tente Hélène.

– Tant que tu ne lui demandes pas, tu ne sauras pas, me rappelle Mika.

– T'as raison.

Je sors mon téléphone de ma poche pour lui envoyer un message tout de suite. Autant battre le fer tant qu'il est chaud.

[Une soirée tantra,
ça te tente ?]

Je lui transfère le lien de Mika.

[Pourquoi pas.]

– Alors ? demande Mika.

– Écoute, c'est pas le fol enthousiasme, mais elle n'est pas contre. Je pense qu'elle est curieuse.

– Alors, essayez, ça vous conviendra ou pas, mais ça vaut le coup d'essayer.

– Et t'es sûr que c'est pas une secte ? m'inquiété-je soudain, repensant à toutes ces histoires sordides de gourou dans les années 1970. Ou que ça ne va pas se transformer en partouze géante ? Parce que je ne suis pas certain d'être prêt pour ce genre de pratiques.

– T'es con, toi ! Bonjour les clichés ! Pour la secte, c'est pas délirant, parce qu'en effet, il y a eu plein de dérives avec Osho, il y a même un reportage sur Netflix à ce sujet, mais bon, eux, je les connais, ne t'inquiète pas. Et non, je ne t'enverrai pas dans un club échangiste parfumé à l'encens sans te prévenir.

– Je te fais confiance, alors.

– Tu ne le regretteras pas, dit-il en souriant largement.

Mouais, je ne sais pas trop dans quoi je m'embarque, mais après tout, on en apprend tous les jours.

***

Hélène ne lâche pas ma main qu'elle serre très fort.

– J'espère que tu ne m'as pas emmenée dans un endroit trop bizarre.

– Si tu n'aimes pas, on part tout de suite, lui promets-je.

Je n'ose pas trop lui dire que c'est Mika qui m'a conseillé l'endroit. Pas sûr qu'elle aimerait savoir que je parle d'elle et de nos histoires de cul avec mon meilleur pote, qu'elle connaît bien.

Nous sommes accueillis par un couple qui doit avoir bien dépassé la quarantaine. Ils correspondent aux clichés sur les hippies : elle pas maquillée, en tenue indienne, lui les cheveux poivre et sel. Les deux sont pieds nus, les deux ont des sourires radieux.

– Soyez les bienvenus chez nous, disent-ils en chœur avant de nous inviter à les suivre jusqu'à leur salon, recouvert de tapis et de coussins aux couleurs bariolées et exotiques.

Deux autres couples sont déjà arrivés, dont un de lesbiennes, et il y a aussi quelques hommes et femmes visiblement venus seuls. Je me demande bien ce qui nous attend, mais tout le monde est charmant, et plutôt sur la réserve, comme nous. C'est bon signe, car avec les plans de Mika, je redoute toujours un peu le guet-apens ! Je me souviens d'une soirée mémorable où je m'étais retrouvé à devoir gérer les parents de la fille qui avait organisé la fête pendant que lui batifolait. Mais c'était dans une autre vie !

– Asseyez-vous en cercle, nous invite la femme qui nous reçoit.

Tout le monde s'exécute sans broncher. Il faut dire que pour l'instant, elle ne nous demande rien d'exceptionnel.

– Je m'appelle Léandra, poursuit-elle. J'ai découvert le tantra il y a dix ans, je sortais d'une relation amoureuse difficile et j'avais coupé tout contact avec mon corps en espérant me protéger.

– Je m'appelle Matt, poursuit l'homme, et c'est Léandra qui m'a initié au tantra.

À leur suite, les participants se présentent. Il y a des curieux, des gens qui ont des troubles sexuels, d'autres qui veulent enrichir leurs pratiques, une prof de yoga qui veut découvrir cet aspect-là de la culture indienne. Arrive notre tour. Qu'est-ce que je vais dire ? Je suis là pour quoi finalement ? Je prends une grande inspiration et me lance en disant les premières choses qui me passent par la tête.

– Je m'appelle Tristan, je suis curieux de nature et j'ai envie de connaître plein de trucs pour raviver continuellement le désir de ma femme, affirmé-je en faisant un clin d'œil à Hélène.

Elle me sourit et a l'air moins intimidée qu'à son arrivée.

– Je m'appelle Hélène, et c'est mon mari qui m'a proposé de venir ici. Je ne sais pas trop quoi en attendre…

Léandra lui sourit, et semble tout faire pour la mettre à l'aise.

– Bien, je vais commencer par vous présenter ce qu'est le

tantra. Puis nous passerons aux exercices de base.

Ma femme hausse un sourcil interrogateur.

– Ne vous inquiétez pas, il s'agit avant tout d'exercices de respiration et de connaissance de son propre corps. Et vous n'avez pas à les faire si vous n'en avez pas envie. Mais je vous assure que ça vaut le coup d'essayer, explique Matt.

– Merci, dit Hélène.

Je vois bien autour de moi qu'elle n'est pas la seule que ces propos rassurent.

Bon, j'avoue, l'exposé théorique est un peu chiant. Le yin et le yang ici, c'est Shakti et Shiva, l'énergie passe par le souffle, on l'appelle le prana. Et puis après, il y a tous ces trucs à la mode de pleine conscience : être dans le moment présent, se concentrer sur sa respiration, focaliser son attention sur les sensations immédiates, tout ça, tout ça... Après, ils ont raison. On connaît tous la vieille blague des gens qui s'emmerdent au pieu et en profitent pour inspecter la peinture du plafond. C'est pas bon signe quand les pensées vagabondent ! Enfin après, il y a vagabonder et vagabonder : parfois, c'est quand même vachement sympa de visualiser ses fantasmes quand on fait l'amour. Quitte à être là, autant se lancer, alors j'en profite pour demander des éclaircissements.

– Cela signifie qu'il vaut mieux ne pas non plus penser à ses fantasmes ?

– En effet, répond Léandra. Ils peuvent aider à se stimuler au début, mais après, le tantra insiste sur le fait de se concentrer sur ses propres sensations, et celles de l'autre.

– Sur ce que l'on donne et ce que l'on reçoit dans l'instant présent, renchérit Matt. Car dans le tantra, ce qui est important, c'est le moment qui est en train de se passer, la personne avec qui l'on est. C'est très respectueux de l'autre. D'ailleurs, il est souvent bon de décider qui va donner et qui va recevoir en premier, pour garantir l'équilibre du couple et le respect de l'autre.

Rien que ça, pensé-je. Je commence à me demander ce que je fous là…

– Maintenant, nous allons danser pour libérer nos énergies, déclare Léandra.

Je jette un coup d'œil à Hélène et nous réprimons un fou rire. Du moment qu'on ne nous demande pas de danser tout nus, on peut le faire. Matt lance de la musique tribale. Les autres participants ferment les yeux tandis que Léandra nous harangue :

– Oui, ondulez du bassin, sentez la chaleur de vos sexes qui se répand dans tout le corps.

Moi, je ne sens pas grand-chose, si ce n'est mon envie d'éclater de rire grandissante, d'autant que j'ai l'impression d'être un pantin désarticulé qui essaie de rouler du cul, et que ça fait visiblement bien marrer Hélène, qui en est à se mordre les lèvres. Putain, heureusement que le ridicule ne tue pas.

Mais Mickaël va m'entendre.

Ensuite, quand on a commencé à bien transpirer, et que ça ne sent plus la rose dans la pièce, Matt nous invite à nous allonger par terre sur le dos. Et là, rebelote, on doit sentir son énergie, lever les hanches au rythme de la respiration, et si on se met à bander, c'est pas grave, c'est la nature comme il dit.

Bon, ce n'est pas désagréable, et je suis content de

fermer les yeux, mais ce n'est pas maintenant que je vais avoir l'orgasme de ma vie. Au moins, j'ai plus envie de faire une sieste crapuleuse que de rigoler comme un débile, c'est déjà ça. Et avec les mouvements, mes pensées se remettent à vagabonder et je nous imagine Hélène et moi sur une terrasse au soleil en Italie, nus comme des vers, lascifs et solitaires. Mais la présence de tous ces gens autour de moi, dont j'entends la respiration, me coupe les envies. Au moins, c'est clair, le sexe en groupe, ce n'est pas fait pour moi, si tant est que je me sois posé la question !

– Maintenant, choisissez votre partenaire pour essayer la position ultime.

Mais de quoi elle parle ? Et il n'y a pas intérêt à ce que quelqu'un d'autre s'approche de ma femme. Elle pense d'ailleurs la même chose car on se saute mutuellement dessus pour être sûrs d'être ensemble.

– Les hommes, ou ceux qui se sentent plus investis de l'énergie de Shiva, vous allez vous asseoir en tailleur. Les femmes, ou Shakti, vous vous assiérez ensuite sur leurs genoux, face à eux, et vous les enlacerez de vos jambes.

On s'exécute, et l'envie de rire me prend à nouveau.

– Maintenant, ne bougez plus. Soyez tout à votre respiration, tout à la présence de l'autre, dans le moment présent, dans l'instant avec cette personne. Soyez immobile et sentez comme vous ne faites qu'un ! nous exhorte Léandra.

Je sens surtout que la position n'est pas confortable, que j'aime sentir le contact de ma femme contre moi, et que je suis frustré de ne rien pouvoir lui faire, que je suis gêné de me retrouver dans cette position au milieu de tout le monde, et que j'ai hâte que ça s'arrête.

– Toi, me chuchote Hélène à l'oreille, il va falloir que tu te fasses pardonner ce soir.

– M'en parle pas ! Je m'attendais pas à ce traquenard.

– Il faudra quand même que tu m'avoues d'où tu as eu cette idée bizarre.

– Plutôt mourir, rigolé-je. Et puis moi, j'ai accepté de ne pas savoir d'où venaient tes boîtes.

– Pas faux ! dit Hélène avant qu'on se fasse rappeler à l'ordre par Léandra.

– Silence ! La communication passe par le souffle et par le corps !

Autour de moi, les autres prennent toutes ces injonctions très au sérieux. Ce n'est pas mon truc, mais ça a l'air de leur plaire, et je ne veux pas gâcher leur plaisir. Alors je me plie au jeu. Au bout d'un temps qui me paraît interminable, Matt reprend :

– Maintenant, nous allons nous déshabiller complètement pour un massage tantrique.

– Pardon ? crie Hélène.

Tous les regards se braquent sur elle.

– Si vous le souhaitez, bien sûr, complète Léandra.

J'ai beau être convaincu qu'elle peut dire non toute seule, je décide de voler à sa rescousse :

– Je crois que nous en resterons là pour aujourd'hui.

– Je comprends et j'accepte vos réticences. Chacun s'éveille à sa vitesse, souligne Matt avec ce que je crois reconnaître comme une pointe d'ironie.

– Mais pour le respect du groupe, nous vous demanderons dans ce cas de partir, poursuit Léandra.

– Avec plaisir, dit Hélène qui se lève précipitamment.

Il ne faut pas lui dire deux fois. Je me lève à son tour pour la suivre.

– Bah, au revoir alors, dis-je.

– Et merci, conclut Hélène qui m'attrape par la main et m'entraîne hors de l'appartement.

À peine sortis, nous ne réprimons plus nos fous rires.

– Mais où est-ce que tu m'as emmenée ! s'exclame Hélène. Les idées pourquoi pas, mais en groupe, comme ça ?

– Au moins, on aura tout essayé.

– Tout, ou presque, s'amuse-t-elle. Et heureusement qu'on est partis. Le massage tout nu en public, c'est pas mon truc.

Nous dévalons les escaliers.

– Allez viens, je t'invite à manger une pâtisserie pour me faire pardonner ! lui proposé-je.

– Oh oui, avec plaisir ! Mais ne pense pas que tu t'en tireras à si bon compte.

Je le sais, mon amour, je le sais !

33

Hélène

C'était bizarre le week-end dernier, quand même. Mais autant je ne pense pas pousser plus loin mon exploration du tantra, en tout cas surtout pas en groupe, autant il y a un élément que j'ai trouvé séduisant : vivre l'instant présent, et surtout, être vraiment avec la personne que l'on a dans ses bras, pas avec quelqu'un d'autre. Je n'ai jamais pensé à Dean lorsque je suis dans les bras de Tristan… Pourtant, je n'arrive pas à oublier complètement cet Américain. Il y a quelque chose en lui qui m'a attirée, et même si je ne sais toujours pas si c'était lui ou la situation qui m'excitait le plus, il n'empêche qu'il s'est passé quelque chose qui dépassait la simple envie sexuelle. Comme le fantasme est aussi l'expression d'autre chose, d'ailleurs, pensé-je en me remémorant les explications de Christelle.

De toute façon, ce soir, je vais être fixée. C'est la soirée de lancement du livre d'Angèle, et c'est aussi le moment fatidique où je vais revoir Dean. Je sens que le stress commence à monter, non pas à cause de l'événement professionnel, mais à cause de celui qui a beaucoup trop hanté mes nuits à mon goût. Dire que je vais enfin le revoir ! Une partie de moi n'attend que ces retrouvailles, l'autre meurt de trouille en prévision de ce qui peut se passer.

J'arrive toute pomponnée pour retrouver Anaïs. On a fini de régler les derniers détails cet après-midi, et le pub prend entièrement en main la décoration. J'avais le contrôle pour la soirée des cosmétiques, et là, c'est ma collègue qui s'y colle. Tant mieux, j'ai eu plus de temps pour me préparer.

– Tu es magnifique ! me lance Anaïs à mon arrivée. Et ne fais pas l'innocente, je sais que Dean va passer ce soir.

Je ne pouvais pas cacher à mon amie qu'il vient ce soir. Au contraire, elle me servira de chaperon. Je ne lui ai pas demandé explicitement, mais je peux compter sur sa présence pour m'empêcher d'avoir envie de faire des bêtises. Comme un *reminder* de la vraie vie.

Angèle arrive en avance, elle prend son rôle très au sérieux. Elle a raison, la communication, c'est très important ! Elle sera là avec nous pour accueillir les invités plutôt que d'arriver plus tard comme une diva. Elle est décidément aussi sympathique dans ses textes que dans la vraie vie. En plus, elle se répand en compliments qui vont droit au cœur d'Anaïs.

À l'heure prévue, les blogueurs, blogueuses, lectrices et aussi lecteurs invités arrivent en masse. Nous distribuons les *tote bags* avec un exemplaire du roman dédicacé et le jeu de cartes qui nous aura donné bien du fil à retordre, et ils ont un franc succès. Angèle parle à tous, explique les règles du jeu, se laisse prendre en photo, sourit sur les selfies. Elle est comme un poisson dans l'eau et la mayonnaise prend. J'espère que son livre va avoir le succès qu'il mérite !

Et puis à un moment, je reconnais au loin la silhouette de Dean. Mon cœur se fige avant de se remettre à battre lorsque le bel Américain s'approche de moi pour me saluer.

– Bonsoir, Hélène, me dit-il avec son accent charmant tandis qu'il pose une main sur mon épaule pour me faire la bise.

Et là, à ma grande surprise, rien.

Pas de battements irréguliers dans ma poitrine, pas de frémissements involontaires. Mon corps ne réagit pas à son contact, et j'en suis la première déçue. Mais ils sont passés où les papillons ?

Je suis quand même contente de le revoir, mais étonnée de ma propre réaction. Je l'observe pour essayer de comprendre. Il est moins beau que dans mes souvenirs. Je trouve son look un peu surfait. D'un coup, je ne comprends plus pourquoi j'ai autant fantasmé sur lui ces dernières semaines. Et je ne sais pas trop quoi lui dire.

– C'est sympa que vous ayez pu passer, lui dis-je, un peu gênée. Voulez-vous que je vous présente l'autrice qui est à l'honneur, ce soir ?

– *Well*, pourquoi pas, marmonne-t-il avec sa pointe d'accent que je ne trouve plus aussi charmante qu'avant.

Il a l'air étonné… Bon, je le comprends après tout, il n'est pas vraiment venu là pour Angèle, mais plutôt pour moi. Anaïs arrive en trombe.

– Dean, vous ici, mais quel plaisir ! Hélène m'a

prévenue de votre arrivée. Nous sommes toujours contents quand nos anciens clients s'intéressent à notre actualité. Venez, je vais vous montrer tout le merchandising qu'on a développé.

Ma collègue l'attrape par le bras sans lui demander son reste, et l'entraîne à l'autre bout de la salle. Elle a été discrète et n'a pas posé trop de questions, même si elle m'a un peu taquinée, mais elle est vraiment fine observatrice. Elle a perçu mon embarras de loin et est venue à ma rescousse. C'est ce que j'appelle une vraie amie ! Il faudra que je pense à la remercier.

La soirée bat son plein, et certains se sont même mis à danser. Dean revient vers moi, et je suis assez mal à l'aise. Il va falloir que je prenne mon courage à deux mains et que je lui dise que finalement, je ne suis pas intéressée.

– Votre soirée est très réussie, commence-t-il. Décidément, vous connaissez bien votre travail. J'avoue que j'espérais autre chose que la démonstration de vos compétences professionnelles, dont je n'ai d'ailleurs jamais douté.

– Je le sais, et vous m'en voyez désolée.

– Vous le savez ?

Je me dis que je lui dois au moins la vérité, alors je décide d'être honnête avec lui.

– Notre rencontre m'a beaucoup troublée, commencé-je prudemment, et je crois que j'avais besoin de vous revoir pour savoir où j'en étais.

– Ah, vous admettez avoir pensé à moi, alors ?

– Oui… beaucoup même.

– Mais je ne suis pas à la hauteur de vos souvenirs ?

– Non, ce n'est pas ça. Vous êtes un homme très séduisant, mais je réalise que je suis amoureuse de mon mari.

– Si tous les amoureux étaient fidèles, il y aurait beaucoup moins d'amants et de maîtresses sur cette terre, rétorque-t-il, jouant ses dernières cartes pour essayer de me convaincre.

Mais je sais que je ne le désire pas. Après, il ne mérite pas non plus que je détruise son ego. Il a été tout à fait correct avec moi, je veux l'être aussi avec lui.

– Pas faux, réponds-je. Mais lorsque vous et moi, nous nous sommes rencontrés, mon mari et moi traversions une phase où nous nous étions éloignés. Maintenant, lui et moi sommes redevenus très proches, et je ne me vois pas faire des choses avec quelqu'un qui n'est pas lui.

– Sous-entendez-vous qu'en plus, c'est grâce à moi que vous avez réalisé que votre couple battait de l'aile ?

– Euh… d'une certaine manière, oui.

Je n'y avais pas pensé de cette manière-là.

– Alors soit. Si j'ai pu aider les dieux de l'amour dans leurs missions délicates et difficiles, eh bien je l'accepte. Mais je regretterai toujours qu'il ne se soit pas passé quelque chose de plus entre nous. Dans une autre vie, peut-être ?

– Peut-être, lui réponds-je en souriant, contente qu'il prenne la chose de cette manière.

– Mais si vous ne m'en voulez pas, je vais vous quitter à présent. Les nuits parisiennes sont longues et je compte bien en profiter. Ce sera peut-être avec une autre, comme vous ne voulez pas de moi.

– C'est tout ce que je vous souhaite, Dean.

– Et moi, je vous souhaite beaucoup de bonheur, conclut-il en m'embrassant sur les joues.

Dès qu'il est parti, Anaïs me rejoint.

– Alors finalement, c'est non ? me demande-t-elle, me signifiant par cette simple question qu'elle a en effet tout compris.

– Oui.

– Tant mieux. J'aime les histoires d'amour qui ne se terminent pas… Mais tu devras me dire ton secret, un jour.

– Promis, lui juré-je. Si un jour tu as besoin de conseils conjugaux, je serai là pour toi. Mais je ne te garantis pas d'avoir toutes les réponses à tes questions !

Anaïs hausse les épaules.

– On verra bien. Mais je suis sûre que tu sais des choses que je ne connais pas.

Je ne sais pas quoi lui répondre, car j'ai acquis la conviction que chaque couple est unique et fonctionne à sa manière. Il y a plein de manières de rallumer les flammes qui vacillent, et peut-être que mon vécu pourra l'aider à trouver celle qui lui convient – mais je n'en suis pas encore là : je dois d'abord m'occuper de mon propre brasier !

***

Quand j'arrive à la maison, Tristan est éveillé devant l'écran de son ordinateur.

– Que fais-tu ? Tu n'arrives pas à dormir ?

– J'avais pas très envie d'aller me coucher tout seul ce soir, m'avoue-t-il sur le ton de la confidence. Alors j'en profite pour trouver des arguments.

– Des arguments pour quoi ?

Soudain, je prends peur. Et s'il s'était douté de quelque chose avec Dean ? Il ne s'est rien passé, et je ne veux plus rien de cet homme, alors ce serait vraiment trop dommage que cette ombre vienne s'immiscer entre nous pour nous éloigner. Devant ma mine sombre, Tristan éclate de rire.

– T'inquiète, rien de criminel ! Je cherche juste à finir de te convaincre de t'envoler avec moi pour la Chine.

– Ah oui, la Chine !

Je réalise que son invitation au voyage m'était complètement sortie de la tête… et que c'est une excellente idée. Je vais laisser mes peurs de côté et partir avec lui.

– C'est d'accord, lui dis-je.

– Ça y est ? T'es convaincue ? me demande-t-il, visiblement fou de joie.

Sa bonne humeur est contagieuse et je me sens emportée par une vague de bonheur.

– Oui, mon amour, cet été, on part ensemble en Chine.

– Génial ! Alors assieds-toi à côté de moi, on va tout de suite acheter les billets !

– Pardon ? m'exclamé-je.

– Je ne vais pas prendre le risque que tu changes d'avis, s'amuse-t-il.

– Ne t'inquiète pas, il n'y a aucun risque, affirmé-je, sûre de moi. Comment pourrais-je refuser un voyage avec l'homme que j'aime dans le pays de mes rêves ?

– Je sais pas, mais je ne veux pas savoir ! Allez, viens, soyons fous !

Je ris à mon tour.

– On va peut-être attendre d'être sûrs de nos dates de vacances, non, monsieur super pressé d'un seul coup ?

– Pas faux. J'y pensais plus…

– C'est pour ta spontanéité que je t'aime, lui susurré-je.

– Ah ouais ? dit-il, faisant mine d'être étonné. C'est pas à cause de mon charme fou, de mon humour, de mon intelligence et surtout de ma modestie légendaire ?

– Aussi.

– Bon, dans ce cas, si on décidait au moins là où l'on veut aller ? C'est grand, la Chine, quand même.

– C'est parti ! accepté-je en m'asseyant à côté de lui.

– Je t'aime, toi, me dit-il en m'embrassant dans le cou.

Et alors que la nuit est déjà bien entamée, on continue à discuter et à rire en planifiant notre voyage comme si le reste n'existait plus.

34

Hélène

– Quelle soirée fantastique ! Angèle nous a envoyé un message de remerciement. On a terminé la soirée avec elle à se raconter nos vies autour d'un verre, me raconte Anaïs.

– Oui, on dirait que vous vous êtes bien entendues, confirmé-je.

– Carrément ! Et puis maintenant que je la connais mieux, je suis toujours aussi fan, mais moins en mode groupie. Finalement, c'est une femme comme les autres.

– Vous avez tout pour devenir de bonnes amies, en tout cas.

– Et toi, pas de regret, alors ? me demande-t-elle avec un sourire complice.

– Aucun. Au contraire, je suis contente que ce soit réglé. Pas seulement dans les faits, mais aussi dans mon cœur. Je sais mieux où j'en suis.

– J'en suis ravie pour toi. Être amoureuse du mec avec qui l'on est, ou être avec le mec dont on est amoureuse, c'est quand même l'idéal.

– Je suis d'accord.

La sonnerie du téléphone m'informe que je reçois un texto. Je ne peux pas m'empêcher de jeter un coup d'œil, redoutant toujours que quelque chose soit arrivé à Mathilde ou à Tristan. Mais il n'en est rien. C'est un message de Tristan. Comme quoi, quand on parle du loup, il sort sa queue hors du bois.

[Tu m'envoies des photos
de ton bureau ?]

– Tout va bien ? me demande ma collègue en voyant ma mine intriguée.

– Oui.

Soudain je tilte sur la raison pour laquelle il veut voir mon lieu de travail. Cela me semble s'être passé il y a une éternité, mais pour lui, il n'y a pas eu grand-chose depuis notre conversation sur les fantasmes. On dirait que cela lui a même trotté dans la tête.

– C'est Tristan, expliqué-je, me sentant un peu obligée de me justifier.

Mon téléphone sonne à nouveau, et son message confirme mes soupçons.

[Pour que je sache où
je vais te prendre.]

– Eh ! Mais tu es en train de piquer un fard, s'exclame Anaïs.

– Oui… non… essayé-je de m'expliquer, mais les mots ne viennent pas.

– En tout cas, je suis ravie de voir que c'est reparti comme en quarante avec ton mari.

Je ne peux qu'acquiescer.

De nouveau, mon esprit s'évade vers Tristan. Où est-ce que j'aurais concrètement envie de faire l'amour avec lui, et comment ? Sur mon bureau ? Sur ma chaise ? Dans les toilettes ? Dans la salle de réunion ?

– Hélène ? Allô la Terre ? Tu me reçois ? plaisante mon amie qui avait manifestement continué à me parler.

– Désolée, promis, je me concentre.

Je tiens difficilement ma promesse, mais nous arrivons à mettre les derniers détails au point et à nous répartir les tâches.

Je profite qu'elle s'éclipse de la pièce pour prendre les différents meubles de la pièce en photo et les envoyer à Tristan en ponctuant de « tu pourrais me prendre là… ou là… »

Il me répond brièvement par divers emojis qui montrent bien son enthousiasme. Puis il me demande :

[Et quand est-ce que je peux
passer te prendre alors ?]

Mon cœur bat plus vite dans ma poitrine.

[Je ne sais pas… faut que
je me renseigne.]

[Alors, renseigne-toi, ma
petite espionne que j'aime.]

Il faudrait surtout que je sache quand Anaïs quitte tôt le travail. Au moins déjà, on serait seuls dans mon bureau. Au pire, on pourrait le fermer à clé… Il y a bien quelques collègues qui partent souvent plus tard, mais ils sont à l'autre bout de l'étage. Et puis je dois avouer que la peur d'être surprise ajoute à la tension.

En fin de journée, j'essaie d'en apprendre plus sur le planning d'Anaïs. A priori, je le connais bien, mais ce ne serait franchement pas le moment de se tromper.

– Alors, tu as bien avancé ? demandé-je.

– Oui, tout se passe bien.

– Tu disais que tu allais revoir Angèle bientôt ?

– Oui, j'ai rendez-vous avec elle vendredi soir après le travail. Tu veux nous rejoindre ? Tu es vraiment la bienvenue, si tu veux.

– C'est à quelle heure ?

– En fin de journée, à dix-huit heures. C'était le plus simple pour faire coïncider nos emplois du temps.

Ce serait le jour et l'heure parfaits pour Tristan et moi…

– Alors, tu ne repasses pas après ? la questionné-je par acquit de conscience.

– Quelle drôle de question ! Évidemment que non ! Mais tu n'as pas répondu. Tu viens ou pas ?

– Non, à cette heure-là, c'est difficile. Surtout le vendredi, il faut que j'aille chercher Mathilde pas trop tard.

– Quand même, Tristan pourrait le faire !

– Je sais bien, mais je viendrai une autre fois. Et puis, vous serez mieux pour papoter, je n'ai pas encore eu l'occasion de tisser des liens amicaux avec elle, alors je ne voudrais pas vous déranger.

Oh le pieux mensonge ! Tout ce que je dis est vrai, mais ce n'est pas la raison pour laquelle je n'irai pas. Je préfère avoir un rendez-vous galant avec mon mari et amant.

– Tant pis pour toi, dit Anaïs en haussant les épaules. Mais bon après tout, ça compensera : moi, Dean ne m'a jamais envoyé de bouquet de fleurs, me taquine-t-elle.

Oups ! Touchée ! Mais à l'évocation de son nom, mon cœur ne bat même pas la chamade. On dirait que je suis guérie. J'ai définitivement bien mieux sous ma couette !

– Tu as raison, renchéris-je.

– Oui, mais ce que je vois surtout, c'est que tu as l'air plus amoureuse de ton mari que jamais. La tête que tu as faite quand tu as reçu son texto tout à l'heure ! On aurait presque dit qu'il t'avait envoyé un message coquin.

Elle n'est pas très loin de la vérité, mais je ne me vois pas lui raconter.

– Tout de suite, mais qu'est-ce que tu imagines !

Vite, il faut que je trouve un autre sujet pour détourner son attention ! Je consulte rapidement le calendrier des prochains mois.

– Juin va être très pris, dis-je, en passant du coq à l'âne, mais on est presque déjà au point. En revanche, il faut qu'on trouve plus de choses à faire en juillet. On a des prospects pour des événements cet été ?

Anaïs soupire.

– Quelques-uns, mais encore rien de signé. Faut qu'on se retrousse les manches pour les recontacter.

– Bonne idée. Alors au boulot ! conclus-je, contente que mon stratagème ait fonctionné aussi rapidement.

***

Quelques jours plus tard, je retrouve Christelle pour ma dernière séance. J'ai décidé d'arrêter le coaching. J'ai l'impression qu'on a vraiment réussi à lancer une nouvelle impulsion dans notre couple. Je n'ai pas forcément encore toutes les réponses à mes inquiétudes ou à mes questions, mais je ne sais pas si je les aurai un jour, et surtout, je me sens prête à les affronter seule maintenant.

– Comment vas-tu ? m'accueille chaleureusement Christelle.

– Très bien. Tellement bien d'ailleurs que je pense arrêter le coaching.

– C'est le but de tout accompagnement que de permettre de ne plus en avoir besoin.

– Oui, en effet. J'ai bien découvert comment raviver la flamme. Et puis surtout, je me connais mieux, j'ose plus regarder mes zones d'ombre, et j'ai appris à parler avec Tristan. On parle de choses tellement intimes, je n'aurais jamais pensé qu'on puisse en discuter avant.

– Je suis contente pour toi si tu te connais mieux, et si tu as trouvé des clés pour mieux communiquer dans ce domaine.

– C'est ça. Je réussis à mieux comprendre mes désirs et à les formuler au sein de mon couple.

Christelle me fait un sourire entendu.

– C'est parfait dans ce cas. Et n'hésite pas à revenir vers moi si tu devais avoir de nouvelles questions.

– Merci, lui dis-je, et merci surtout pour ce que tu as fait pour moi.

– C'est toi qui as fait tout le travail, me réplique Chris. Alors la prochaine fois qu'on se voit, on se retrouve dans un salon de thé pour manger des pâtisseries en buvant un chocolat chaud. Tu es partante ?

– Évidemment ! lui réponds-je. Au fait, je t'ai rapporté ta deuxième boîte.

Elle secoue la tête.

– Garde-la, elle est pour toi. Tu as lu toutes les cartes ?

– Non, pas encore.

– Raison de plus. Tu pourras t'en resservir un jour ou l'autre. Et surtout, n'hésitez pas à rajouter d'autres enveloppes dedans ! Que ce soit toi, lui, ou vous deux ensemble, si vous avez des idées ou des questions qui vous passent par la tête, écrivez-les pour les mettre dans la boîte !

35

Hélène

J'attends le vendredi comme un enfant attend Noël. Surexcitée, obnubilée, incapable de penser à autre chose. Tristan a l'air d'être dans le même état, à la différence près que c'est lui qui mène la danse. Il a l'air de savoir exactement ce qu'il veut, comment il le veut, et comme tout cela est pour moi et pour mon plaisir, je trouve sa confiance en lui extrêmement sexy.

Le jour J, j'hésite à mettre mes bas qui tiennent tout seuls. Ce serait plus pratique, et les porter m'excite. Mais je n'arrive pas à me transformer en bête de sexe pure, je reste quelqu'un de sérieux et de sage au travail, et c'est tant mieux. J'ai envie de vivre mon fantasme, mais pas de mettre ma « vraie vie » en péril ! Je fourre donc les bas dans mon sac pour pouvoir les enfiler dans les toilettes quand Anaïs aura quitté les lieux.

Je passe toute la journée à attendre le moment où Tristan va me rejoindre sans avoir la certitude qu'il va vraiment se passer quelque chose. Mais je n'arrive pas complètement à me concentrer sur mon travail, et Anaïs, toujours aussi observatrice, me le fait remarquer plusieurs fois.

– Mais où as-tu la tête aujourd'hui ?

– Désolée, je n'arrive pas à me concentrer.

– Si tu es malade, tu devrais peut-être rentrer à la maison ! me suggère-t-elle.

Tout sauf ça ! Ce serait le comble !

– Non, non, protesté-je avec véhémence. C'est juste passager. Je fais la liste des anciens clients à recontacter, et c'est un peu rébarbatif. Ce n'est pas la partie du job que je préfère !

– Je suis d'accord avec toi. Je préfère organiser les événements plutôt que de devoir démarcher, renchérit Anaïs.

– Et tout est prêt pour les sessions jazz de juin, donc on a du temps pour nos casquettes de commerciale.

– Heureusement que la semaine est bientôt terminée.

– Oui, et en plus, tu retrouves Angèle tout à l'heure, non ? demandé-je avec la voix de la fille qui n'est plus trop sûre de l'emploi du temps de sa copine.

Alors qu'au contraire, j'ai marqué ce rendez-vous d'une pierre blanche, car pour moi aussi, la semaine va bien se terminer. Mieux encore, même. Si on va jusqu'au bout, je vais réaliser un de mes fantasmes les plus inavouables… et dont j'ai finalement pu parler à mon chéri.

– Ça y est, tu repars ailleurs, me taquine Anaïs en soupirant.

Elle jette un coup d'œil à sa montre.

– Bon, c'est pas grave, il est suffisamment tard pour plier

bagage. Je vais y aller maintenant. Tu es sûre que tu ne veux pas venir ?

– Oui… et tu as raison, je ne vais pas tarder à rentrer chez moi.

– Prends soin de toi quand même.

Si elle savait… Je vais en effet bien faire attention à moi.

À peine est-elle partie que j'envoie un texto à Tristan.

[Tu peux venir.]

Sa réponse ne se fait pas attendre.

[J'arrive.]

Mon cœur tambourine dans ma poitrine. Je vais prévenir Françoise qui travaille à l'accueil.

– Mon mari doit passer me chercher tout à l'heure. Tu pourras le laisser entrer ?

– Bien sûr, me répond-elle avec un grand sourire. Tu peux me rappeler son prénom ?

– Tristan.

– C'est noté.

– Je serai ravie de le rencontrer en tout cas. On voit bien qu'il te rend heureuse. Tu rayonnes depuis quelque temps.

– Oui, c'est vrai.

– Je te l'envoie dans ton bureau dès qu'il arrive, alors ?

– Oui, ce sera parfait. Merci !

On ne peut pas être complètement discrète quand on travaille dans une petite boîte où tout le monde s'entend bien… Mais je sais que Françoise n'est pas le genre à se mêler de ce qui ne la regarde pas, ni à lancer des ragots. Et puis Françoise va bientôt partir, alors le risque qu'elle nous surprenne est minime… même s'il existe et que je dois avouer qu'il ajoute du piment à la chose.

Je passe rapidement me changer dans les toilettes. Les frissons d'excitation qui parcourent mon corps doivent être semblables à ceux que ressentent les braqueurs de banque avant de passer à l'acte. Je retourne à mon bureau pour faire semblant de travailler, mais je ne pense qu'à Tristan. Je nous visualise en train de faire l'amour sur le bureau, sur mon fauteuil… Enfin je ne sais pas… Qu'est-ce qui sera le plus pratique ?

Il se passe à la fois une éternité et cinq minutes avant que l'on ne frappe à ma porte.

– Entrez !

Tristan ouvre la porte. Je le trouve magnifique, mais je ne sais plus trop quoi dire. J'ai tellement imaginé ce moment que là, ça me fait trop bizarre de le voir là en vrai. Et puis est-ce que c'est vraiment une bonne idée de faire l'amour ici ?

– Bonjour ma chérie, dit-il avant de m'embrasser à pleine bouche.

Je fonds, et mes doutes s'évaporent. Il peut me faire ce qu'il veut, quand il veut, tout de suite. Il me tient par la taille et j'ai l'impression de devenir une petite chose toute fragile qui ne tient debout que parce qu'il m'empêche de tomber.

Puis il me chuchote à l'oreille :

– J'ai envie de toi.

– Moi aussi.

– On peut fermer ton bureau à clé ? me demande-t-il.

– Oui. D'ailleurs, je vais me dépêcher de le faire !

– Pourquoi ? me demande-t-il avec un sourire enjôleur.

– Je ne suis pas sûre que Françoise soit partie… et il reste quelques personnes dans le bureau, je pense.

– Et moi qui pensais que c'était parce que tu brûlais de désir pour moi.

– Ça aussi, lui affirmé-je, mais je n'ai pas envie de me faire prendre pour de vrai.

– Tu ne veux pas te faire prendre ? me taquine-t-il en m'embrassant dans le cou.

– Si… mais je ne veux pas me faire surprendre ! rétorqué-je en me faufilant hors de ses bras comme une anguille.

Je m'approche de la porte, et il me suit, restant tout près contre moi. Dès que j'ai fait un tour dans la serrure, il me retourne et me reprend à nouveau par la taille pour m'embrasser plus fougueusement encore. Puis ses mains descendent vers mes cuisses, remontent ma robe et effleurent mes bas. Il prend le temps de me regarder droit dans les yeux, et j'y lis tellement de désir que mon souffle devient court.

– Enlève ta culotte, me demande-t-il.

Troublée, j'obtempère immédiatement. Il s'agenouille devant moi pour plonger son visage entre mes cuisses et commence à me lécher. Je ne suis que plaisir, je suis à deux doigts de jouir, mais quelque chose me retient. Je crois que j'aurais envie que ce moment dure une éternité, alors j'ai presque du mal à lâcher prise, je ne veux pas qu'il se termine trop vite.

Puis il revient vers moi et m'embrasse à nouveau. Il me colle contre le mur et me soulève. J'enroule mes jambes autour de son corps pour me serrer contre lui, je sens son sexe dur sous son pantalon, mais la position a beau être terriblement excitante, elle n'est pas si confortable pour l'un comme pour l'autre.

Tristan me repose.

– Pose tes mains sur ton bureau, me demande-t-il.

Il se met derrière moi, soulève ma robe. Je me retourne et je le vois déboutonner son pantalon qui glisse sur ses cuisses. Je me baisse un peu plus pour qu'il puisse entrer en moi. C'est bon, c'est intense, un peu sauvage. Enhardie par nos dernières expériences, je glisse une main sur mon sexe pour me caresser en même temps.

– Caresse-toi, ma chérie, me chuchote-t-il. J'ai envie que tu jouisses…

Ses mots augmentent encore mon désir. Il me prend encore et encore, je dois me retenir de gémir, je ne veux pas qu'on nous surprenne, et pourtant le danger continue d'attiser la flamme qui brûle en moi. Elle est de plus en plus brûlante, et je finis par avoir un orgasme. Comme s'il n'attendait que ça pour s'accorder son plaisir, il jouit à son tour. Je me retourne et le serre très fort dans mes bras.

– Merci, mon amour, lui dis-je. Je t'aime.

– Moi aussi, je t'aime, me répond-il en m'embrassant doucement et en me caressant les cheveux.

Puis il desserre son étreinte afin de pouvoir remettre son pantalon.

– Tiens, me dit-il en me tendant un mouchoir en papier.

– Tu penses à tout, ne puis-je m'empêcher de faire remarquer.

– J'essaie, me dit-il en souriant.

– Bon, je vais ouvrir la porte, on ne sait jamais, histoire de ne pas éveiller les soupçons.

Je commence par avancer quand il m'arrête en me prenant dans ses bras.

– Attends !

Il m'embrasse langoureusement.

– Je voulais en profiter une dernière fois avant que ce moment soit fini… Et remets peut-être ta culotte avant d'ouvrir, ajoute-t-il avec un sourire coquin.

– Oh oui, tu as raison ! Je l'avais presque oubliée, celle-là !

– Je suis ravi si je te fais autant d'effet.

– Oui, tu me fais autant d'effet, minaudé-je en finissant de me rhabiller. C'était vraiment comme je le souhaitais.

– C'est vrai ?

– Oui…

– Alors, tant mieux.

– On rentre à la maison maintenant ?

– Avec plaisir, ma chérie. Rentrons.

36

Hélène

Je termine la semaine sur un petit nuage. C'était vraiment magique dans le bureau. J'y repense régulièrement. Le fait d'avoir réalisé ce fantasme ne lui a pas enlevé de sa saveur. L'idée comme le souvenir continuent d'être aussi excitants…

J'ai envie de faire à mon tour plaisir à Tristan. Je me souviens qu'il a dit qu'il avait envie de faire l'amour à une inconnue… C'est évidemment hors de question, mais je peux être cette inconnue pour lui. Je trouve même l'idée assez séduisante. Moi aussi, je peux jouer un rôle et me permettre des choses que je ne me permettrais pas forcément d'habitude. J'ai envie d'essayer, envie de tester, de voir si plutôt que d'avoir un nouveau partenaire, on peut trouver de nouvelles manières de faire l'amour.

Je profite de la pause déjeuner pour lui envoyer un SMS. J'y ai bien réfléchi. Je vais me faire passer pour une inconnue… Mais je vais quand même l'envoyer de mon téléphone. J'ai hésité en me demandant si je ne pouvais pas faire un faux profil et l'inviter sur Facebook par exemple, mais j'aurais trop peur de savoir qu'il accepte les invitations de filles qu'il ne connaît pas. Je n'ai pas envie de jouer avec le feu ou de créer des jalousies qui n'ont pas lieu d'être.

[Hello]

commencé-je à taper.

Je n'entame jamais une conversation par messagerie de cette manière-là, mais il me paraît important d'utiliser d'autres mots pour être crédible. J'ai vraiment envie de jouer le jeu, pas seulement pour lui, mais aussi pour découvrir l'inconnue qui sommeille en moi. Je n'ai pas envie de réaliser son fantasme que pour lui faire plaisir, j'ai envie de le faire coïncider avec les miens. J'ai envie de partir à l'aventure dans ses territoires pour y découvrir des passages secrets vers mes propres terres inconnues.

Je continue à rédiger mon texto.

[Hello,
J'adore tes photos de profil.
T'es vraiment un beau mec,
mais tu dois le savoir…]

Satisfaite, je pose mon téléphone en attendant sa réponse. Tandis que je joue distraitement avec mes feuilles de salade, je réfléchis au personnage que je suis en train de me créer.

Je me souviens d'une technique que j'avais apprise lors d'un séminaire de *storytelling* afin de trouver de nouvelles idées originales pour nos événements. On se pose des questions en les commençant toutes par « Et si ? »

Et si on s'était rencontrés par une appli de rencontres ?

Et si on se plaisait au point de vouloir se rencontrer en chair et en os ?

Tout cela me paraît plutôt cohérent. Pourtant une partie de moi espère ne pas être en train de faire une bêtise… Les questions en « Et si… ? » peuvent s'avérer dangereuses.

Et si j'étais en train de faire tomber un tabou qui protège mon couple ?

Et s'il rencontre une fille pour de faux, est-ce que cela le désinhibe pour le faire pour de vrai ?

Je balaie rapidement ces pensées sombres. C'est entre nous que cette complicité est en train de se tisser de plus en plus profondément. Je n'ai pas à être inquiète, pas de ça en tout cas. Et cette peur de l'inconnu, je réalise que c'est la peur de la découverte de nos terres secrètes, et c'est une bonne peur, car elle nous entraîne un peu plus loin dans la connaissance de soi et de l'autre, ce qui ne va pas sans un frisson.

Sa réponse ne se fait pas attendre.

[Merci, les tiennes
sont chouettes aussi.]

Puis, quelques secondes plus tard :

[Mais j'ai eu un problème

de téléphone et j'ai perdu
toutes les tiennes. Tu peux
me les renvoyer ?]

Je souris. Il a compris, et est rentré tout de suite dans le jeu. Le coquin en profite même pour demander des photos…

[Pas de souci, là je peux
pas mais tout à l'heure.]

[OK ! J'ai hâte alors.]

Je fais une recherche rapide sur le blog d'« Angelique ou pas ». Je me souviens qu'elle avait parlé à un moment de photos sexy. Je retrouve vite son article. Il y a des exemples de photos assez inspirantes, qui mettent en valeur tout ou partie du corps, et les règles de base : pas de photo avec le corps et le visage, pas de signe distinctif… Quand une photo est envoyée, on ne sait jamais complètement ce qu'elle va devenir, même s'il est bien évidemment interdit d'en faire quoi que ce soit. Mais l'idée de faire des photos coquines me plaît beaucoup. Et puis sans montrer ma tête, c'est encore mieux. Pour le coup, il est clair que j'ai complètement confiance en Tristan, mais cela permet de pousser le jeu encore plus loin… Je regarde des photos de charme sur mon téléphone pour trouver des idées de pose, et j'enregistre les meilleures pour les avoir sous la main le jour J. Qui sera quand, d'ailleurs ? Il faut que je trouve un moment où Tristan n'est pas là, et où Mathilde n'a pas besoin de moi.

Tilt ! Je vais profiter de la sieste du samedi de Mathilde et du jogging de Tristan. Il faudra faire vite, mais c'est jouable.

Décidément, l'idée me plaît bien !

***

Le samedi suivant, dès que j'ai le champ libre, je me déshabille en toute hâte pour prendre les photographies. Je me sens un peu idiote, en étant ainsi à peine habillée, mais ça m'émoustille aussi. J'imagine déjà la tête que fera Tristan quand il les recevra, et cette image finit de me convaincre de passer à l'acte.

Qu'est-ce ce que je vais porter ?

Nue ? Des sous-vêtements ?

J'ai une idée : nue avec des talons et mon perfecto.

Et où est-ce que je prends les photos ?

Dans notre chambre ! On a un beau mur tout blanc, ça devrait faire l'affaire.

Les questions et les réponses s'enchaînent dans ma tête.

Sauf que… je déchante vite ! C'est beaucoup plus difficile que je le pensais de prendre de bonnes photos. Enfin, par bonnes, j'entends qui me plaisent et qui me mettent en valeur. Je réalise que les poses des mannequins qui ont l'air si naturelles sont en fait complètement alambiquées. Je me tords le dos pour avoir de jolies courbes, et j'en rigole toute seule. Que d'efforts pour avoir l'air sexy et naturel ! Mais j'avoue que je m'amuse bien, un peu comme si je jouais à me déguiser, mais en version adulte et coquine.

Des tas et des tas de photos après, je suis enfin satisfaite.

Je regrette un peu de n'avoir personne à qui les montrer pour vérifier qu'elles sont bien, mais cette pensée me fait sourire à nouveau.

Je me rhabille et remets en place les meubles que j'avais dû déplacer pour avoir un recul suffisant et pour éviter les ombres horribles. Tristan arrive à la minute où j'ai terminé. Les dieux de l'amour veillent sur moi !

Lorsqu'il va sous la douche, je lui envoie les photos que j'ai sélectionnées. Il a posé son téléphone sur la table du salon, donc je serai aux premières loges quand il recevra le message. J'ai l'impression de jouer quand même avec le feu, mais c'est ce qui arrive quand on ravive la flamme, non ? Et je sais que Tristan m'aime.

– Alors, qu'est-ce que tu as fait ? me demande Tristan quand il revient tout propre et tout beau dans le salon.

– Rien de spécial, j'ai lu un peu.

Il prend le téléphone pour le mettre dans la poche arrière de son jeans, voit qu'il a reçu un message, l'ouvre, écarquille les yeux, prend un air gêné, puis le range en jouant à faire comme si de rien n'était. Au moins, j'ai pu voir que c'était un piètre dissimulateur.

– Qu'est-ce que c'est ? lui demandé-je.

– On en parlera plus tard, me répond-il.

L'élégance de sa réponse me séduit. Il ne me ment pas, et arrive à ne pas sortir du jeu. Je ne lui connaissais pas cette facette-là, mais je suis heureuse de l'avoir découverte.

Quelques heures plus tard, alors que je joue avec Mathilde, je suis distraite par un message.

[Trop canon !!!!
Mais alors, quand est-ce
qu'on se voit en vrai ?]

Je réfléchis. Tout cela demande quand même une certaine logistique. Mais au moins on a les mêmes contraintes et les mêmes obligations !

[Lundi, à déjeuner ?]

C'est vrai ça, on ne se voit jamais le midi. Ce pourrait être l'occasion de commencer quelque chose de nouveau, de se créer des nouveaux moments rien que tous les deux.

[OK.]

Puis quelques secondes après :

[On se retrouve où ?]

C'est vrai que nous ne sommes pas censés savoir où nous travaillons. Mais je ne veux pas quelque chose trop près de mon bureau, il ne faudrait pas qu'on tombe sur mes collègues !

[Il y a un restaurant
vietnamien près de l'Opéra
que j'aime bien.
Je te texte l'adresse.]

J’y suis allée une fois avec Anaïs, et je suis sûre qu’il ne le connaît pas.

[Parfait !
À lundi !
Bisous partout…]

Eh bien, il s’enhardit ! Alors moi aussi…

[Bisous partout.]

37

Hélène

Deux jours plus tard, nous voilà donc au restaurant où nous nous sommes donné rendez-vous. Entre-temps, on a continué à s'envoyer des messages. Les préparatifs nous ont fait passer des soirées assez drôles et complices, car chacun à notre tour, on sortait de la pièce en inventant des excuses bidon et avec un grand sourire pour aller s'envoyer des messages en cachette. Décidément, je dois avouer que j'aime bien tout ce qui est interdit car j'y trouve carrément mon compte.

On a discuté de comment on allait se reconnaître – je vais mettre ma robe rouge, lui son manteau bleu marine et son écharpe grise. On a parlé de nos goûts aussi, on a flirté. Puis le moment fatidique est arrivé. Il est là devant moi, s'approchant de la table où je suis déjà installée, faisant mine de ne pas me reconnaître tout de suite.

– Je crois que nous avons rendez-vous.

– Tout à fait. Et je ne suis pas déçue, ajouté-je en lui faisant mes plus belles œillades.

– Moi non plus, admet mon bel inconnu. Tu es encore plus séduisante que ce que tes photos semblaient promettre.

Puis il ajoute à voix basse :

– Quoique j'aie très envie de te voir aussi peu habillée que tu l'étais sur la photo.

– Mais c'est bien le but de cette rencontre.

Il hésite à s'asseoir à côté de moi, alors je l'y invite.

– Ne reste pas debout, assieds-toi !

J'ai l'impression de mener le jeu, et cela me plaît.

– Alors, qu'est-ce que tu comptes me faire tout à l'heure ?

Tristan me lance un regard aussi espiègle qu'interrogateur, et je poursuis pour lui donner l'exemple :

– Moi j'ai envie de te sentir très profondément en moi. Et toi ?

Tristan ne répond pas tout de suite. J'ai réussi à le déstabiliser, mais très vite il se reprend et rentre à fond dans le jeu. La conversation devient de plus en plus coquine, et même de plus en plus crue. Je lui fais du rentre-dedans, et lui me parle cash de la manière dont il voudrait me prendre. Je l'interroge sur la taille de son pénis en des termes que je n'aurais jamais osé utiliser avant. Il n'est pas en reste lorsqu'il me décrit crûment les différentes choses qu'il va me faire. Et alors que je ne suis normalement pas fan de ce genre d'expressions, je les trouve excitantes dans la configuration actuelle. Nous ne sommes pas les mêmes, et nous en profitons.

J'ai très envie de poursuivre cette conversation dans une chambre à coucher, et ce ne sont pas les hôtels qui manquent dans le quartier. Mais alors que j'allais lui proposer de monter avec moi, Tristan me prend la main et l'embrasse tendrement, coupant court à l'ambiance coquine, et je dirais même cochonne, qu'il y avait quelques minutes auparavant.

– Faut que je te dise un truc, commence-t-il.

– Oui ?

Il embrasse la paume de ma main, j'ai le cœur qui bat plus fort. Sa tendresse contraste avec nos échanges précédents et finit de me faire fondre.

– Cette inconnue-là, cette déesse du sexe… Eh ben, j'en suis fou amoureux.

Je ne réponds rien, pendue à ses lèvres et prisonnière de son regard de braise.

– Parce que cette inconnue, c'est ma femme. C'est une des facettes de ma sublime, ma merveilleuse, ma fantastique femme.

Il dépose de légers baisers sur mon avant-bras avant de continuer.

– Hélène, tu es la plus désirable des femmes, et c'est toi que j'aime, et j'aime tous les côtés de toi, même ceux qu'on n'a pas encore découverts, même ceux que tu ne m'as pas encore montrés.

J'en ai le souffle coupé.

– Et ce soir, je te ferai l'amour, et toute ma vie, je te ferai encore l'amour, et tu me feras l'amour, et on se redécouvrira toujours.

Des larmes de joie perlent aux coins de mes yeux.

– Tristan, je t'aime tellement.

Et sans plus rien en avoir à faire de ce qui nous entoure, je l'embrasse.

***

– Tu crois qu'on arrivera à trouver un endroit pour faire l'amour dehors ? me chuchote Tristan à l'oreille.

– Tristan, m'offusqué-je. On pourrait t'entendre !

On n'est pas dans l'intimité d'un lit mais dans la promiscuité d'un avion plein en partance pour Pékin. Alors oui, c'est vrai, il fait nuit et tout le monde a l'air de dormir, oui, on est à côté d'un couple qui n'a parlé que chinois (ce qui ne veut pas dire qu'ils ne comprennent pas le français !), mais ce n'est pas vraiment le lieu où parler de tout cela.

– Viens, toi non plus, tu n'arrives pas à dormir, on va boire un verre et discuter au fond de l'avion. Comme ça, on ne dérangera personne.

– Bon, d'accord.

Il me prend par la main pour remonter l'allée étroite. Ce n'est pas pratique, mais c'est terriblement romantique. Quand on arrive au bout, il se retourne vers moi pour déposer un léger baiser sur mes lèvres.

– Je suis hyper content qu'on soit là, en fait.

– Qu'est-ce que tu as le plus envie de voir ? l'interrogé-je.

– La Grande Muraille, la Cité interdite, l'armée de soldats de terre. Et surtout, j'ai envie de manger un vrai canard laqué ! plaisante-t-il, me faisant rire.

– Évidemment, m'amusé-je. Tu te rends compte que ce sont nos premières vraies vacances en amoureux depuis la naissance de Mathilde ?

– Il faudra aussi qu'on parle pour savoir si on va remettre ça !

Je ne saisis pas de quoi il parle.

– Tu veux qu'on parle déjà de nos prochaines vacances ? lui demandé-je.

Il éclate de rire devant mon air un peu perdu.

– Mais non ! De savoir si on lance le ou la deuxième, me répond-il.

Soudain, je comprends.

– Tu penses à faire un autre enfant ? m'étonné-je.

– Bah, comme j'ai trouvé la femme de ma vie, j'ai envie d'en profiter !

Je tombe un peu des nues. On n'avait jamais abordé le sujet ! Enfin, ce n'est pas complètement vrai. On s'était bien dit qu'on voulait plusieurs enfants dans l'absolu, mais depuis Mathilde, entre ses problèmes de sommeil et la manière dont on s'était éloignés l'air de rien, la question n'était plus du tout d'actualité.

– Je ne sais pas trop, poursuis-je prudemment. Je ne sais pas si je suis prête à remettre ça…

Il me fait un de ses sourires les plus craquants.

– Eh bien, réfléchis-y. Je n'aurais pas été chaud il y a quelques mois, mais vois comment on est retombés amoureux, et comme ça marche bien entre nous ! C'est presque encore mieux qu'avant sur tous les points. Moi, je n'ai plus peur. Je sais que si on s'éloigne, on peut se retrouver. Pas vrai ?

– Pas faux, réponds-je en lui souriant à mon tour.

– Et donc, pour en revenir à ce que je te proposais, on pourrait même le concevoir en plein air !

– Tristan ! fais-je semblant de m'offusquer.

– Je n'ai pas oublié que ça fait partie des trucs que tu

avais envie d'essayer… On pourrait faire d'une pierre deux coups.

– Moi, j'ai bien vu que pour les faire, tu es présent…

– Et que pour les élever il n'y aura pas d'absent, conclut Tristan en détournant à son tour les paroles de la chanson de Stromae[1].

Nous éclatons tous les deux de rire. On est vraiment sur la même longueur d'onde.

– Je ne suis pas sûre que la Chine soit le meilleur endroit pour concrétiser ce fantasme, reprends-je.

– Moi non plus, admet-il finalement. Mais j'avais envie de t'émoustiller un peu. Est-ce que ça fonctionne ?

Il me regarde avec un air enjôleur, et moi, je fonds.

– Oui.

– Chic alors.

Il jette un œil sur tous les passagers qui sont en train de dormir.

– Tant de monde, et on a eu la chance de se rencontrer et de se trouver toi et moi.

– Oui, c'est vrai. Mais pas seulement. On a appris à se redécouvrir, on s'en est donné la peine.

– Ce n'était pas des efforts désagréables à faire, me dit-il en souriant.

– Certes, mais ce n'était pas gagné d'avance. Je suis tellement heureuse que tu sois mon mari, mon ami, mon amant.

– Et moi, donc !

Il s'approche de moi pour me serrer fort dans ses bras. Je me sens tout simplement bien.

1.« Tous les mêmes », Stromae.

Il s'éloigne pour mieux me dévorer des yeux.

– Tu es celle qui réalise mes rêves, nos rêves.

– Oui, et ce voyage en fait partie. Je suis sûre qu'on va avoir encore tellement de projets ensemble.

– C'est important, renchérit-il, et on fera tout cela ensemble.

Il prend mes mains dans les siennes, et entrelace nos doigts.

– Je t'aime, Hélène.

– Je t'aime, Tristan, murmuré-je avant que l'on s'embrasse à pleine bouche.

ÉPILOGUE

Hélène, quelques années plus tard

Lola est assise sur le canapé du salon, je sens qu'elle ne va pas bien et qu'elle n'arrive pas à en parler.

– Les amies, c'est aussi là pour parler des choses qui ne vont pas, lui dis-je pour l'inciter à se confier.

C'est vrai qu'on ne se connaît pas depuis longtemps, on s'est rencontrées en cours de chinois au début de l'année, mais le fait d'avoir des intérêts communs nous a vite rapprochées. Nous sommes déjà allées boire des verres ensemble, mais c'est la première fois qu'elle vient à la maison.

– Je suis désolée, soupire-t-elle. Je ne veux pas t'embêter avec mes problèmes.

– Tout le monde a des problèmes, rétorqué-je en souriant.

Je lui tends une tasse de thé fumant et elle sourit tristement.

– Toi, tu n'en as pas. Quand je vois toutes les photos que vous avez affichées, tu as un mari qui t'aime, et tu en as l'air follement amoureuse aussi… Alors que moi…

Elle éclate en sanglot et ne termine pas sa phrase.

Je m'assois à côté d'elle et pose une main sur son épaule pour essayer de la consoler.

– Qu'est-ce qui se passe ? lui demandé-je.

– C'est Valentin. Je crois qu'il ne m'aime plus.

– C'est ton petit ami, c'est ça ?

– Oui. On est ensemble depuis cinq ans, me raconte-t-elle, les yeux embués de larmes, mais j'ai l'impression qu'il ne m'aime plus.

– Pourquoi dis-tu ça ? lui demandé-je pour essayer de comprendre.

– On s'entend bien, ce n'est pas le problème, mais j'ai l'impression qu'on est plus des colocataires que des amants. Il ne s'intéresse plus à ce que je fais, il n'est pas prévenant. Quand je l'interroge à ce sujet, il élude mes questions et me dit que tout est dans ma tête.

– Je vois, commencé-je. Tu sais, Tristan et moi sommes passés par une phase similaire.

– Hein ? Tu dis ça pour me remonter le moral, c'est tout.

Lola a visiblement du mal à le croire. Je connais cette impression. Moi aussi, je pensais avant que les couples parfaits l'avaient toujours été et qu'ils n'avaient jamais dû faire des efforts pour se retrouver.

– Je t'assure que c'est la stricte vérité.

Elle lève sur moi de grands yeux étonnés tandis que je lui raconte mon histoire.

– Tristan et moi, nous nous étions beaucoup éloignés après la naissance de Mathilde. On menait nos vies à cent à l'heure, on était très proches dans beaucoup de domaines, mais nous étions de moins en moins amants. Et je vais te dire un secret : j'ai failli tomber amoureuse de quelqu'un d'autre.

– Quoi ?

– Je t'assure, j'ai senti que mon petit cœur pouvait se mettre à battre pour un autre homme, et ça m'a fichu la trouille. J'ai eu un déclic et j'ai décidé que j'allais tout mettre en œuvre pour sauver mon couple.

– Et ça a marché ?

– On dirait bien que oui, lui dis-je en souriant. C'est vrai que j'ai eu la chance que Tristan aussi veuille le sauver. Les liens qui nous unissent étaient distendus, mais pas encore rompus. Il n'est peut-être pas encore trop tard pour Valentin et toi.

– Je l'espère. Je pense qu'il tient encore à nous, mais je suis sûre que cette situation lui pèse autant qu'à moi. On a du mal à en discuter tous les deux.

– Je comprends… Et tu mets le doigt dessus. La communication, c'est la clé.

– Tu m'expliqueras ?

– Bien sûr… lui promets-je.

C'est vrai que je peux transmettre ce que j'ai moi-même appris. Ce n'est pas grand-chose, mais cela pourra certainement l'aider. À ce moment, on entend la clé dans la serrure et la porte s'ouvre.

– Maman ! Dépêche-toi, on va être en retard chez papou et manou ! me presse Mathilde, qui vient d'entrer en trombe dans le salon.

– Va plutôt finir de ranger ta chambre, moi je suis prête, lui rétorqué-je avec un sourire.

– Bon d'accord, dit Mathilde en disparaissant dans le couloir.

– Quelle boule d'énergie, s'exclame Lola.

– Je ne te le fais pas dire, renchéris-je.

– Ça va toutes les deux ? demande Tristan qui arrive en tenant Gabriel par la main.

– Très bien, dis-je en me levant.

Il vient jusqu'à moi et m'embrasse tendrement.

– Maman, c'est pou' toi, dit Gabriel en me tendant un dessin qu'il a fait à l'école.

– Qu'est-ce que c'est, mon chéri ? lui demandé-je en m'agenouillant pour être à sa hauteur.

– Une « oitu », et là c'est toi, m'explique-t-il en me montrant successivement une grosse boule crayonnée et un bonhomme têtard multicolore.

– C'est magnifique, mon chéri, le remercié-je en déposant un bisou sur sa joue. Merci !

Je me relève avant de poursuivre à l'attention de Tristan :

– Les bagages des enfants et les nôtres sont prêts.

– Vous partez en week-end ? nous demande Lola, qui a l'air d'avoir retrouvé le sourire.

– Oui, on dépose les enfants chez sa mère et on part en amoureux, lui raconte Tristan en me prenant par la taille.

– C'est génial, approuve Lola. Eh bien je vais vous laisser ! Tristan, j'ai été ravie de te revoir, dit-elle en lui faisant un petit signe de la main alors que je la raccompagne jusqu'à la porte.

– À plus, lui répond-il avant de rejoindre les enfants pour les aider à finir de se préparer.

– Alors tu dis que vous avez aussi eu des phases difficiles ? relance Lola sur le ton de la confidence.

– Oui, lui confirmé-je.

– Merci. Ça me redonne de l'espoir. On en reparle, hein ? me demande Lola.

– Avec plaisir. Il y a des choses à faire pour raviver la flamme, et je te dirai tout ce que je sais.

– Hâte d'en savoir plus… Et c'est bon de savoir que tout est peut-être encore possible…

Quand je referme la porte derrière elle, je réalise tout le chemin que j'ai fait, ou plutôt tout le chemin que nous avons parcouru, Tristan et moi, pour en arriver là. Nous sommes à notre tour devenus des « Raviveurs de Flamme », et je suis heureuse de porter le flambeau de notre amour.

FIN

Dans la collection ROMAN COACH™
déjà parus

Le Premier Jour de ma nouvelle vie
de Marie-Laure Cuzacq

L'estime de soi : l'ingrédient essentiel au bonheur
Un mari aimant, deux enfants magnifiques, un travail : alors qu'elle pensait que c'était ça, le bonheur, Fanny se rend compte qu'il manque malgré tout quelque chose à sa vie. Dépassée par les exigences du quotidien, la jeune femme réalise qu'elle n'est pas heureuse.
Une drôle de rencontre va bouleverser son existence. Et si, ce qui manquait à Fanny, c'était l'estime d'elle-même ? Bien décidée à changer, elle se heurte à l'incompréhension de son entourage. Parviendra-t-elle à écrire un nouveau chapitre de son existence sans y laisser trop de plumes ?

Le jour où tu oses te faire confiance
de Sonia Zannad

Le secret de l'épanouissement ? Se faire confiance pour changer de vie !
Anna est maman d'une petite Cléa et file le parfait amour avec Antoine, qu'elle a rencontré à la fac. Côté professionnel, c'est une autre histoire : si, au départ, son métier la faisait rêver, aujourd'hui, les désillusions ont gagné du terrain. Anna se sent coincée dans un travail routinier qui ne lui convient plus. Non seulement elle étouffe, mais cela a commencé à nuire à son couple et au bien-être de sa fille. Elle a l'impression d'être dans une impasse, un cercle vicieux qui l'éloigne chaque jour un peu plus de son bonheur.
Quand Anna renoue avec Pauline, une ancienne amie devenue coach de vie en Angleterre, la jeune femme sent que son existence peut s'en trouver bouleversée ! Mais si ce déclic entraîne une prise de conscience nécessaire, le changement ne sera pas si facile pour Anna. Il lui faudra accepter de sortir de sa zone de confort et oser se faire confiance.

La Saveur de l'instant présent
de Myriam Jézéquel

Vivre l'instant présent et s'ouvrir au bonheur !

Vivre ici et maintenant, une évidence ? Pas pour Alicia ! Son quotidien est une suite de sollicitations et d'obligations professionnelles sans fin qui l'entraînent peu à peu à déserter sa vie personnelle. Jusqu'au jour où un événement inattendu l'oblige à ouvrir les yeux. La jeune trentenaire ne peut désormais plus ignorer le sentiment de vide qui s'empare d'elle. Assez de cette quête d'espoirs fictifs ! Pourquoi repousser toujours à plus tard le moment de profiter de l'instant présent ?
Faire du bonheur une philosophie de vie, cela vous interpelle ? Plongez avec Alicia dans un récit empreint d'émotions suivi d'une série d'exercices et de conseils pratiques qui sauront vous aider à vous retrouver, en un mot à savourer la vie… enfin.

Le Courage de partir
de Barbara Kaufman

Manipulation : quelle est la frontière entre amour et emprise ?

« J'étais amoureuse d'un manipulateur… »
Après huit ans de vie commune et deux enfants, Jeanne aime son mari comme au premier jour. Ou peut-être aime-t-elle l'image qu'elle se fait de lui. Car la sensation d'enfermement et les crises d'angoisse chroniques se font de plus en plus envahissantes. Et Jeanne se retrouve confrontée à une question déchirante : se pourrait-il qu'Antonio, son compagnon qui n'a rien perdu de son charme et à qui tout réussit, soit la source de ce mal-être ? Le père de ses enfants viendrait-il sournoisement faire barrière à son épanouissement ? Lorsque les termes « manipulateur » et « pervers narcissique » s'immiscent dans la vie de Jeanne, son existence se transforme en un immense point d'interrogation. Quelle est la frontière entre amour et emprise ? Jeanne va devoir trouver la force de se libérer, de se relever pour, enfin, se reconstruire.

J'ai trouvé le bonheur… Il était en moi
de Marie-Laure Cuzacq

Être bien avec soi pour être bien dans sa vie!
Lâcher prise? Juliette n'en a pas besoin! Tout va bien dans sa vie. Pourtant, lorsqu'elle apprend que son père, qu'elle n'a jamais connu, veut la rencontrer, toutes ses certitudes si bien ancrées s'écroulent. Avec ses deux meilleures amies, Carole et Liz, elle décide de sauter le pas: direction Tahiti, les paysages paradisiaques, les journées à la plage et… la confrontation avec ce fantôme du passé. Les filles vont vite réaliser que, même à seize mille kilomètres, leurs problèmes ne sont jamais loin, mais les solutions non plus. Et si le lâcher-prise était à portée de main?

À voix de velours
de Solène Barthes

Être bienveillant pour qu'il s'épanouisse : voyage au cœur de l'éducation positive
Delphine se rêvait en instit et maman parfaite, mais c'est raté ! La jeune femme élève la voix bien plus qu'elle ne le voudrait. Elle sent bien que ses réactions aggravent la situation, mais elle n'arrive pas à briser ce cercle vicieux. Et pourtant... une rencontre va bouleverser la jeune femme et lui montrer le chemin vers une autre façon d'être avec les enfants, les siens comme ses élèves. Aussi ef cace que bienveillante, respectueuse des rythmes et du fonctionnement du cerveau de l'enfant, la pédagogie que va découvrir Delphine est aussi à votre portée. À la suite du roman, la partie coach de cet ouvrage vous guidera dans l'univers des neurosciences et de la pédagogie Montessori, pour faire de toutes les petites personnes d'aujourd'hui les grandes personnes épanouies de demain !

Ma nouvelle vie commence aujourd'hui
de Ethel Weber

S'ouvrir à la vie après une rupture, c'est possible ! Quand Nicolas lui annonce qu'il veut la quitter, Laetitia voit son monde s'écrouler. Incompréhension, détresse, colère… et puis un jour arrivent l'acceptation, le renouveau, le bonheur et la sérénité. Mais entre-temps, tout un chemin est à parcourir, fait de doutes, de tâtonnements et enfin, de certitudes. Pour reprendre sa vie en main, Laetitia devra passer par des étapes plus ou moins difficiles, plus ou moins joyeuses. Aidée par certains, critiquée par d'autres, elle apprendra également à connaître ses proches d'une façon nouvelle. Mais c'est surtout Nicolas qu'elle va découvrir différemment, car, tout séparés qu'ils sont, ils sont liés pour toujours par leurs enfants. Et puis, petit à petit, Laetitia s'ouvrira à la nouvelle vie qui s'offre à elle… Après la lecture du roman, laissez-vous guider par les conseils pratiques de notre coach pour vous aider à vous relever après une séparation. La fin d'un couple n'est pas la fin de l'existence, cela peut aussi être le début d'une nouvelle vie !

Pour suivre nos prochaines parutions,
découvrir des informations exclusives,
des articles, des bonus, des chroniques…
retrouvez la collection

ROMAN **COACH**™

sur Facebook : **ESI Roman Coach**
et sur Instagram : **@esiromancoach**

Auteure : Ethel Weber

ESI - ESI Romans

100, rue Petit, 75019 Paris

Imprimé par FINIDR - Lipova cp. 1965 - 73701 Cesky Tesin - République Tchèque

Dépôt légal : juin 2019 – Achevé d'imprimer : mai 2019

ISBN : 978-2-8226-0679-0

Référence contrat : VEXE_001